LE SALON

DE 1874

PAR

NESTOR PATUROT

PARIS

AUX BUREAUX DU JOURNAL LE *NATIONAL*

42, rue Notre-Dame-des-Victoires, 42

—

1874

5, Boulevard Saint-Germain, 5

GALERIE EUGÈNE PIROU

Exposition de Peinture

P. BAYE

INVITATION PERSONNELLE

de la part de M Deuoyel

LE SALON DE 1874

TABLE DES CHAPITRES

Paris. — Imprimerie CUSSET et Cᵉ, 123, rue Montmartre.

LE SALON

DE 1874

PAR

NESTOR PATUROT

PARIS

AUX BUREAUX DU JOURNAL LE *NATIONAL*

42, rue Notre-Dame-des-Victoires, 42

—

1874

LE SALON DE 1874

INTRODUCTION

Pourquoi j'entre en scène. — Mes titres. — Une excursion à l'hôtel Drouot. — Mon oncle et mes neveux. — Mme Paturot. — Français et Charlet. — Vivent les artistes !

Monsieur et cher Directeur,

Permettez-moi de me servir de cette dernière expression que j'aspire à obtenir le droit d'employer d'une façon régulière; c'est vous dire que j'ai l'ambition de devenir l'un de vos collaborateurs et d'entrer dans la famille des rédacteurs du *National*. Tous sont pour moi de vieux amis, bien qu'ils ne me connaissent pas, car je suis leur lecteur assidu depuis la fondation de votre journal.

S'il en est ainsi, allez-vous me dire, vous ne devez pas ignorer que nos rangs sont pleins et qu'il n'y a pas de lacune dans la rédaction.

—Je le sais, aussi l'idée qui me trotte dans

la tête ne m'est-elle venue que parce que j'ai appris qu'un de vos collaborateurs était obligé de vous prier de le faire suppléer. Je vais droit au fait. Je me suis trouvé dans une société que fréquente l'incomparable critique du *National*, Théodore de Banville, et là, j'ai su qu'il était au regret de ne pouvoir se charger cette année du compte-rendu du Salon, en raison de plusieurs absences obligatoires qu'il doit faire, justement pendant la période de l'exposition ; alors j'ai pensé…

Je vous vois d'ici me toiser du haut en bas et me demander qui je suis pour avoir une pareille prétention.

Evidemment l'outrecuidance est grande de ma part, car je n'ai aucun titre à mettre en avant.

Je ne suis ni artiste, ni poëte et je ne fais même pas partie de la Société des gens de lettres ; je suis, en un mot, un simple bourgeois, possédant, je le crois, les qualités qui distinguent cette classe de braves gens, c'est-à-dire un peu de jugement et quelque bon sens. Je ne vous parlerai pas de connaissances spéciales. Etant au collége, j'ai appris le dessin pendant un an, et au bout de cette année, j'ai fait, au crayon noir, la tête à la chevelure luxuriante et bouclée dans laquelle se jouent les reflets de la lune, de l'Amour dans le tableau d'*Endymion* de Girodet-Trioson, toile qui était alors au Luxembourg et qui est actuellement au Louvre. Je vous dirai, sans en tirer plus de vanité, que j'ai obtenu le premier prix de dessin sur les élèves de deuxième année, mais sachez aussi que ce succès m'a coûté l'abandon de mes débuts artistiques, parce que mon grand-père, qui était un homme positif, a cru devoir couper court de suite aux velléités que ce premier succès pouvait éveiller en moi, il m'a fait cesser les leçons de dessin, car, à son avis, les artistes étaient tous des meurt-de-faim. Mon grand-père, qui était cependant un homme perspicace, vivait dans les idées qui prévalaient sous la Restauration. Il ne prévoyait pas, dans ce moment où les arts étaient si oubliés et si dépréciés, à cette époque qui nous a légué tant de quartiers bâtis en plâtre, à longues plinthes plates entre les étages, seule décoration architecturale, et sans la moindre trace de la plus petite pensée artistique, il ne prévoyait pas que l'hôtel Bullion, où l'on ne vendait alors que de vieux *panas* et de vieilles loques, en passant de la rue Jean-Jacques-Rousseau à la rue des Jeûneurs, puis de la rue des Jeûneurs à la rue Drouot, deviendrait le temple moderne des beaux-arts et un établissement d'enseignement professionnel véritablement destiné à propager la connaissance, puis l'amour de la peinture dans les rangs de la bourgeoisie.

C'est là, en effet, vous l'avouerai-je, mon cher directeur, que moi qui, en me livrant, depuis ma sortie du collége, à de tous autres travaux, avais oublié ma première passion, je l'ai sentie renaître en me reconnaissant un goût réel et prononcé pour ce qui me paraît bien dessiné ou harmonieusement peint.

Habitant le quartier de l'ancien Opéra,

j ai pris l'habitude d'aller, chaque dimanche,
passer une partie de mon après-midi dans
les salles de la rue Drouot, où les expositions succèdent aux expositions, et où l'on
peut voyager dans le pays de l'art, à la
manière des pérégrinations qu'un sté-
réoscope permet d'accomplir, sans sortir
de chez soi, dans les contrées les plus
inaccessibles et les plus reculées. Parfois
aussi, lorsque mes occupations me laissent un moment de liberté, j'ai pu assister aux combats curieux des enchères,
et savez-vous ce que j'ai remarqué? C'est
le petit nombre de gens qui s'y connaissent
réellement, en fait de peinture. Sur ce
terrain, la mode règne en maîtresse plus
que partout ailleurs, et la mode produit
l'engouement des uns et surexcite la vanité des autres. Si le marché était abandonné aux vrais connaisseurs, il y aurait
baisse générale, parce que ce nombre serait infiniment trop restreint pour le stock
de marchandises qui augmente tous les
jours. Lorsque le véritable goût dominait, on recherchait surtout les anciens
maîtres, et on ne dédaignait pas les bons tableaux de leurs élèves, parce que ces tableaux renferment de véritables qualités qui
se retrouvent plus rarement dans l'école moderne ; mais depuis que le nombre des pré-
tendus amateurs a grossi, on dédaigne les
tableaux anciens pour donner la préférence
aux tableaux modernes, parce que ceux-ci
flattent davantage le regard et plaisent au
vulgaire par la fraîcheur de leurs couleurs.

C'est même cette disposition des amateurs
et la facilité avec laquelle un grand nombre
de peintres ont trouvé à placer avantageuse-
ment les tableaux faits pour flatter ce goût
superficiel qui ont amené un certain nombre de peintres modernes à se livrer à des
travaux faciles et à négliger les véritables
qualités artistiques, qui ne s'acquièrent que
par la persévérance dans l'étude, et dont se
préoccupaient, avant tout, leurs prédéces-
seurs.

Aujourd'hui on n'achète à grands prix,
parmi les tableaux anciens, que ceux au bas
desquels sont tracés des noms qui ne figurent que dans les galeries dont toutes les
toiles ont été couvertes d'or pour être obtenues. Il y a des maîtres auxquels on ne peut
songer que lorsqu'on s'appelle Rothschild,
Nucingen ou Orléans. Quant aux modernes,
il est également admis que certains tableaux
n'ont besoin d'aucune autre qualité que celle
du nom qui les signe, et il s'est établi une
véritable franc-maçonnerie parmi les déten-
teurs de ces tableaux, dans le but de ne pas
permettre que les noms adoptés par cette
franc-maçonnerie, plus mercantile encore
qu'artistique, puissent subir la moindre
dépréciation. Aussi, qu'arrive-t-il ? c'est que
les qualités que peuvent avoir les peintres
ainsi adoptés par la mode — et qu'ils ont
certainement eues, un moment, du moins,
pour obtenir cette place, — finissent assez
rapidement par céder le pas aux défauts que
l'on se plaît à encourager, et où l'engoûment
irréfléchi de la foule finit par cher-

cher la cause même du succès de ces fa-
voris de la fortune. Combien en est-il
ainsi dont les œuvres, après avoir été l'objet
d'engoûments de ce genre, et après avoir
atteint des prix prodigieux, tombent plus
tard dans un oubli complet et dans une dépréciation non moins prodigieuse ! Que j'en
ai vu, dont on ne pouvait plus obtenir la
vente qu'en faisant valoir la qualité du
cadre !

Que voulez-vous, ils ont eu leur beau
temps, et ils en ont joui, quand il leur
suffisait de prendre une toile et de lancer
sur cette toile, à tort et à travers, sans
chercher aucune forme étudiée, quelques
coups de pinceau pouvant représenter, suivant la distance du spectateur, aussi bien
des feuilles que des fleurs, des maisons
que des nuages, des animaux que des arbustes, quand il leur suffisait de s'en tenir,
en un mot, à un effet général, pour voir cette
toile fiévreusement arrachée de leurs mains
par une foule d'enchérisseurs insatiables et
qui les obligeaient à recommencer dans les
mêmes conditions le lendemain et les jours
suivants. C'est bien le moins qu'après avoir
remporté ces faciles et productives victoires
ils laissent aux travailleurs assidus, aux
chercheurs infatigables, à ceux qui pâlissent
devant leurs chevalets pour chercher à mieux
imiter l'inimitable nature, et qui sont loin
de trouver dans ces travaux longs et ingrats
la fortune qui sourit aux audacieux ; c'est
bien le moins qu'ils laissent à ces travailleurs
la gloire devant la postérité, et l'immortalité

qui n'appartient qu'aux véritables méritants.

En réalité, le public qui conduit le marché ne recherche pas tel peintre parce qu'il est sans émule, mais parce qu'il est à la mode; il y a des quantités d'amateurs qui peuvent se disputer ce qui est à la mode, alors qu'il y a bien peu de connaisseurs capables de découvrir ce qui est réellement hors ligne.

Mais de quoi vous parlé-je déjà ? Vous ne m'avez pas encore admis parmi les vôtres et autorisé à dire mes impressions aux lecteurs du *National*, et je me laisse aller à vous donner un échantillon de mes idées, bien bourgeoises, ainsi que vous avez pu en juger.

Soyez rassuré ; ces idées, en ce qu'elles pourraient avoir de trop terre à terre, seront, si vous voulez bien me confier la tâche que j'ambitionne, corrigées par ceux qui m'entourent et dont j'ai pour habitude de ne pas mépriser les avis.

J'ai d'abord mon oncle Émile, un vrai savant qui sait tout, et qui ne me laisserait pas commettre une erreur historique. Par dessus le marché, il a étudié toutes les écoles de peinture ; vous voyez de quelle utilité il me sera !

J'ai mon cousin Joseph, qui aurait fait un Horace Vernet si on n'avait pas voulu à toute force, dans la famille, faire de lui un avocat. Il ne savait pas encore écrire, qu'il barbouillait tous ses cahiers de soldats, de régiments, de canons, de batailles, etc. Celui-là s'y connaît en fait de tableaux militaires. Je le consulterai à l'occasion.

Quant aux choses de la grâce, de l'élégance, mon neveu Jules est passé maître sur ce terrain. Voilà un gaillard qui s'y connaît en formes bien conditionnées, en jolies tournures et en minois dignes de figurer dans l'escadron de Vénus. Je lui demanderai son avis sur les portraits féminins, et je suis sûr d'être l'écho d'observations intéressantes.

Ne riez pas de ce qu'il me reste à vous dire. Il s'agit des tableaux de nature morte qui ne sont pas non plus à dédaigner, et qui ont motivé plus d'un chef d'œuvre. Eh bien, j'ai pour ce genre de peinture un juge excellent... ma cuisinière. Figurez-vous, monsieur, que l'ayant autorisée, il y a deux ans, à aller au Salon, elle m'a tympanisé, à son retour, pour que je lui achète des chaudrons de M. Vollon et surtout pour que j'obtienne de lui quelques paquets de la poudre qu'il emploie pour rendre ses cuivres aussi brillants. Voilà une femme précieuse, vous en conviendrez, et que le jury pourrait consulter utilement quand il s'agit de juger l'école réaliste. Ce n'est pas elle qui refuserait les toiles de M. Manet, ainsi que cela vient, dit-on, d'avoir lieu.

Et puis, voici qui va achever de vous rassurer : je suis resolu — n'allez pas vous récrier, monsieur le directeur — à me soumettre à la censure... oui, à la censure.

Il y a censure et censure ; quant à moi, j'ai un censeur en qui j'ai pleine confiance, mon excellente femme, la compagne de mes joies et de mes douleurs, de celles-ci surtout, car c'est de ce côté que le plateau de la ba-

lance tend toujours à pencher. Eh bien ! sachez que j'ai la plus grande confiance dans le
jugement et dans le coup d'œil de Madame
Paturot; elle est, d'ailleurs, toujours de mon
avis, à la condition que je sois dans le juste
et dans le raisonnable, et que je l'aie consul-
tée avant de formuler cet avis.

Je vous l'avouerai, je me trouve très bien
de ce régime de liberté sagement mitigé et
judicieusement pondéré, et vous pouvez
être certain que Madame Paturot ne me permettra aucune licence pouvant choquer
soit le bon goût soit les bonnes mœurs. On
se pique, en effet, — il est bon que vous le
sachiez, — d'avoir des mœurs et du bon
goût chez les Paturot.

Vous n'êtes pas sans avoir quelques tableaux, monsieur le directeur. Eh bien ! n'ê-
tes-vous pas de mon avis ; leur vue repose et
rafraîchit l'esprit. C'est toujours avec un
nouveau plaisir — passez-moi cette expression qui rappelle le début de tous les
discours d'ouverture prononcés devant les
Chambres par le roi Louis-Philippe, mais
qui rend bien ma pensée — c'est toujours
avec un nouveau plaisir que je me retrouve
au milieu de ma petite galerie et que je contemple mes chers tableaux, m'arrêtant plus
tantôt à l'un, tantôt à l'autre, suivant les
dispositions d'esprit où je suis et suivant leur concordance avec les idées qui me
remplissent la tête. Si le temps est sombre
et s'il pleut à verse, je vais retrouver le soleil et la verdoyante et gaie nature dans une
petite toile de Français, représentant le

Bas-Meudon par une lumineuse matinée de printemps, ou bien dans son pendant, un splendide coucher de soleil à Cernay. Il y a dans la première de ces toiles une saulée merveilleusement abritée, où je me mets à pêcher d'imagination et où je vois à chaque instant le petit bouchon de ma ligne dansoter, puis s'enfoncer d'un coup sec et précis qui m'annonce la présence d'un goujon au bout de mon hameçon. Si je suis accablé par la chaleur, il me semble que je sens, en cet endroit, une fraîcheur qui me calme et me repose. Lorsque la température devient torride et que Meudon et Cernay sont insuffisants pour me rafraîchir, je vais me plonger dans une tempête de neige et de vent peinte par Charlet ; c'est une simple étude faite par lui sur nature quand il préparait son tableau de la retraite de Moscou. Cette étude est d'une vérité saisissante. On finit par greloter en la contemplant.

C'est ainsi que je me promène à travers la belle campagne, en rendant grâce aux artistes qui me valent ces satisfactions faciles, ou bien que je gravis les montagnes les plus escarpées. Les glaciers n'ont plus de mystère pour moi ; tout, en un mot, m'est accessible. Vive donc la peinture et vivent les artistes !

Voilà mon opinion ; j'ose espérer, monsieur le directeur, qu'elle me fera trouver grâce devant vous et, qu'en tout cas, vous ne jetterez pas, sans autre forme de procès, ma demande au panier.

NESTOR PATUROT.

I

VISITE GÉNÉRALE DES VINGT-QUATRE SALONS
DE PEINTURE

La modestie est un défaut. — Un sixième membre du jury. — Le Septennat complet. — La justice de Brutus. — Considérations sur le jury. — L'entrée du saint des saints. — Réclamations pour les pastels. — Mlle Jacquemart. — Le Rouge et le Noir. — De près et de loin. — Daphnis et Chloé, de Français. — Les trois Bonnat. — Ranvier, Bouguereau, Dupray, de Neuville. — Le temps passé. — Revue à vol d'oiseau. — Manet. — Le temps ! la place !

Mon cher directeur,

Eh bien ! je crois que vous avez bien fait d'accepter mon offre.

Vous allez dire que je ne suis pas modeste; vous avez peut-être raison, et, de mon côté, je ne crois pas avoir tort ; car la modestie, qui peut être parfois une qualité, est plus souvent — je suis arrivé un peu tard à le reconnaître — un défaut !

La modestie sied à la moyenne de l'humanité qui ne s'élève pas au-dessus de la moyenne des qualités que cette humanité comporte.

Mais il ne faut pas que la modestie soit un prétexte pour enrayer les bonnes dispositions de ceux qui ont en eux l'étoffe voulue pour dépasser cette moyenne, et conséquemment pour l'élever.

Et cependant, c'est ce qui arrive malheureusement trop souvent.

Combien de gens pleins de valeur n'osent pas se lancer, parce qu'ils ont le sentiment que cette valeur peut encore être dépassée; et, d'un autre côté, parce qu'ils voient la foule se grouper autour d'hommes au verbe haut, qui étalent avec assurance les plus grandes stupidités, et dont l'effronterie arrache à cette foule des applaudissements.

L'audace de ces préférés de la Fortune tient à ce qu'ils n'ont pas le sentiment de leur infériorité, et à ce qu'ils sont les premiers à admirer les inepties qu'ils débitent avec une superbe assurance.

Audaces fortuna juvat : Il y aurait beaucoup de choses à dire sur cet adage si singulièrement mis le plus souvent en pratique.

Mais me voilà de nouveau emporté par la digression.

Excusez-moi, je reviens de suite à mon sujet.

Ce n'est pas parce que je manque moi-même de modestie que je viens de vous dire que je ne suis pas modeste. Ce serait, en présence de la déclaration de principe que je viens de vous faire, me ranger dans la caté-

gorie de ces bêtas infatués de leur vanité et
de leur sottise, dont je viens de vous parler,
et vous ne supposez pas que telle soit mon
intention.

Ce qui me permet d'afficher mon immodestie, c'est, comme j'ai eu l'honneur de vous
le dire dans ma première lettre, que je ne
parle pas au nom d'une simple individualité ; je ne suis pas un ; je suis une double
trinité, presque une septennité — le chiffre
à la mode — et je ne dis pas qu'une addition
jugée nécessaire n'autorisera point avant peu
cette dernière dénomination.

En réalité, je ne suis, ou nous ne sommes
qu'une quinquennité ; vous vous souvenez
de mon oncle Emile le savant, de mon cousin
Joseph l'amateur de militaires, de batailles,
de chevaux, etc., de mon neveu Jules, le fin
connaisseur, et de Mme Nestor Paturot,
notre Minerve, notre déesse de la raison. Et
de cinq bien comptés et bien à compter,
auxquels à l'occasion, lorsqu'il se présentera
de beaux tas de choux, de beaux spécimens
de navets et de carottes ou de merveilleux
portraits de melons et de citrouilles, s'ad-
joindra notre réaliste, dont je vous parlais
l'autre jour, Rose, ma grosse cuisinière, l'ad-
miratrice — ce qui prouve qu'elle n'est pas
déjà si bête — de M. Vollon et de ses chaudrons si bien réussis. Cinq et un font six ;
mais comme le terme de sexennité me semble beaucoup moins agréable et en tout cas
beaucoup moins de circonstance que celui de
septennité, je vous demande la permission
de réserver une septième place dans notre

association coopérative créée pour vous servir.

D'après tout ce qui précède, vous voyez que si la modestie était dans mon caractère personnel, il ne me serait pas permis de m'en parer, en cette circonstance, sans faire injure à mes collaborateurs.

Donc, pas de modestie! et en avant une juste, saine, intelligente et impartiale critique du Salon de 1874.

Sachez donc, monsieur le directeur, qu'après la réception de votre aimable, — et permettez-moi d'ajouter, de votre intelligente lettre, — j'ai convoqué tous les membres de l'individualité collective chargée par cette lettre de rendre compte du prochain Salon.

Tous ont répondu à mon appel! et après que la présidence de la réunion eût été décernée, à l'unanimité, à l'excellente et judicieuse Mme Paturot, j'ai ouvert la séance par un petit speech qui a fait, je ne vous le cacherai pas, une profonde sensation sur les intelligents collaborateurs que je me suis adjoint.

Je leur ai rappelé l'histoire de Brutus, condamnant, sans sourciller, ses deux fils à mort.

Et je leur ai dit : « Eussé-je un ou plusieurs fils parmi les exposants, je les condamnerais de même, si leur œuvre était indigne! »

Des signes non équivoques et unanimes d'approbation m'ont prouvé que mes collaborateurs étaient à la hauteur de ma grandeur d'âme, et qu'au besoin ils sauraient accomplir le même sacrifice que celui que je me déclarais prêt à faire.

L'impartialité la plus complète doit être, en effet, notre règle suprême ; et les plus grands noms, ceux qu'on est habitué à considérer comme au-dessus de toute critique, ne seront pas exempts de notre examen, et à l'abri de nos observations.

A l'unanimité, nous avons été d'avis que le plus grand attrait de notre tâche consistera à découvrir, parmi les nouveaux venus, ceux dont les qualités, fussent-elles encore incomplètes, nous permettront de signaler un des futurs maîtres de l'art. Dieu veuille que la prochaine exposition en soit pavée !

Je pourrais bien, pour entrer dès aujourd'hui en matière, vous parler des sévérités du jury, contre lesquelles les protestations ne manquent pas plus cette année que les années précédentes, malgré les remaniements que le nouveau directeur des Beaux-Arts, M. de Chennevières, a apportés à la réglementation de ce jury.

Tant qu'il y aura un jury, il y aura des mécontents, et des sévérités plus ou moins justifiées.

Les membres du jury ne sont-ils pas des hommes comme tout ce qui possède deux pieds et deux mains et comme les exposants eux-mêmes ?

Comment pourraient-ils être à l'abri des erreurs que tout homme ou toute collection d'hommes peut commettre ?

Ce qui appartient à l'humanité subit des influences dont quelques-unes ont des causes apparentes, et dont d'autres sont la conséquence de dispositions générales indéfinissables, résultante des diverses espéces de *mal'aria* morale agissant sur les esprits de la même manière que le choléra agit sur les corps.

Qu'il pleuve à torrents et que les membres du jury, aprés avoir été trempés et crottés, comme des barbets, pour arriver au palais de l'Exposition, grelottant sous les voûtes froides ; ou bien qu'une chaleur tropicale et étouffante les y couvre de sueur et de poussière, il est bien difficile que quelques-uns des tableaux ayant la mauvaise chance de passer sous leurs yeux dans ces conditions détestables, ne se ressentent pas de l'état grincheux dans lequel ces malencontreuses conditions atmosphériques les auront plongés.

Cela doit arriver sous tous les régimes et quelle que soit la composition du jury.

Et puis, il y a une question farouche et inexorable,

La question de place !

Etant donnée une étendue pouvant contenir deux mille tableaux environ, comment le Jury pourrait-il en installer sept mille ?

Il y a là une responsabilité préalable engagée; celle du gouvernement, qui doit protection à tous les artistes, et qui ne doit pas se tirer d'affaire en laissant rejeter sur les rigueurs du jury les récriminations qui ont le droit de s'élever jusqu'à lui, gouvernement.

Il est vrai que le jury de l'Exposition des

Beaux-Arts aurait, pour se mettre à couvert, le droit de protester contre cette difficulté matérielle où il est d'accomplir sa
mission, en ne s'inquiétant que de la valeur
réelle des œuvres soumises à son examen, et
en n'ayant pas pour seule préoccupation de
ne point dépasser dans ses admissions un
chiffre véritablement insuffisant.

Ces difficultés ont déjà, paraît-il, éloigné
du jury bon nombre de ceux qui comp-
taient parmi les juges les plus compétents,
et parmi ceux qui s'inquiétaient le plus des
intérêts de la corporation des artistes.

Ils n'ont pas voulu assumer plus longtemps la responsabilité d'un tel état de choses, et se trouver, malgré leur entière bonne
volonté et leur ardent désir d'être utiles à
leurs confrères, exposés à des accusations
tout à fait imméritées.

Aussi en a-t-on vu un certain nombre qui
ont demandé à ce que leur nom fût effacé de
la liste des candidats du jury.

Je me suis laissé dire que cette disloca-
tion des anciens éléments dont se formait
le jury a été et est pour quelque chose dans
le mal dont se plaignait, avec trop de raison
à mon avis, la meilleure partie des refusés.

Jadis, il y avait une tradition qui se transmettait de jury en jury ; il y avait une espèce de règle qui présidait à ses décisions.

Autrefois, l'Institut figurait pour une part
dans ce jury. Sans regretter ce temps, il est
permis de regretter la règle de conduite qui
présidait aux travaux que cette portion im-
muable du jury lui transmettait.

2.

Si ceux-là pouvaient être accusés de représenter l'école du passé, ou, comme on le disait, l'école vieillotte, l'opposition qui se formait contre eux avait pour effet de protéger et même de mettre en avant l'école la plus jeune, la plus ardente, la plus aventureuse.

Dans ce temps-là on n'aurait pas refusé, comme on le fait aujourd'hui, M. Manet, et les peintres de l'école réaliste.

Les réalistes auraient trouvé, au sein du jury, d'ardents défenseurs, nous ne saurions le révoquer en doute; et ils en auraient trouvé en assez grand nombre pour que le public, qui, après tout, est le grand jury, fût appelé à se prononcer.

Aujourd'hui, il y a une telle variété d'écoles, une telle concurrence, tant d'origines diverses que les jeunes peintres, ceux auxquels l'avenir appartient sont mis en suspicion, exposés à une foule de hasards et d'impressions variables qui n'existaient pas, quand, à côté des membres de l'Institut, défenseurs de certains principes, se trouvait une opposition — toujours nécessaire, car sans elle rien n'avance, — qui prenait chaleureusement la défense de tout ce que les représentants des anciennes écoles se montraient trop enclins à proscrire et à condamner.

Il y a quelque temps, le choix du jury se faisait par le suffrage universel, c'est-à-dire par tous les artistes exposants.

Cette année, le suffrage universel est remplacé par le suffrage des privilégiés.

Il est vrai que ces privilégiés sont ceux qui ont obtenu leurs priviléges sur le champ de bataille, et qui, après avoir conquis, dans les expositions précédentes, le droit de ne plus eux-mêmes être soumis à l'examen du jury, viennent de voir ce droit transformé en celui de fournir exclusivement les membres du jury actuel.

Cela peut paraître extraordinaire, lorsqu'on se souvient que le marquis de Chennevières, le directeur actuel des Beaux-Arts, a fait ses premières armes sous l'empire, au beau temps du suffrage universel.

Mais on dit que M. de Chennevières a des idées plus libérales encore que celles-là, et qu'il voudrait des expositions entièrement libres, à la condition d'avoir à côté de ces expositions où l'ivraie croîtrait près du bon grain, des expositions où le bon grain seul serait admis.

S'il en est ainsi, il n'y aurait pas de chicane à faire à M. de Chennevières, pour un régime qui n'est que transitoire et qui n'est qu'un purgatoire momentané par lequel les artistes doivent passer avant d'arriver au Paradis que M. de Chennevières leur prépare.

Mais le temps presse. Nous sommes arrivés au 30 avril; c'est demain, 1er mai, que l'Exposition doit ouvrir, et il faut, à tout prix, dussé-je me transformer en mouche, que je pénètre dans le temple sacré, afin de donner aux premiers visiteurs un aperçu d'ensemble et de leur fournir un guide pour leur première pérégrination.

Je suis arrivé à mes fins, et, grâce à ma bonne mine, j'ai pu passer sans exciter la colère des nombreux cerbères qui défendent aux profanes l'entrée du saint des saints.

Tant que l'heure n'a pas sonné où les simples mortels peuvent être admis, il faut en effet appartenir non-seulement à la classe des artistes, mais encore des artistes admis eux-mêmes aux honneurs de l'Exposition pour avoir le droit de s'introduire dans le tabernacle sans être exposé à se voir foudroyé.

La foudre se traduit, pour les simples humains, en pots de vernis qui vous tombent sur la tête ou en flots de thérébentine qui vous suffoquent.

C'est, en effet, l'heure du vernissage général, et il faut avoir un pied d'artiste pour circuler au milieu des échafaudages et des échelles qui barricadent chacune des salles.

Il faut avoir la marque de l'art sur le front pour ne pas être exposé à toute espèce d'infortunes du genre de celles qui assaillent, lorsque l'on passe sous l'équateur, le navigateur qui n'a pas encore passé cette ligne redoutable.

Donc, pour l'amour des lecteurs du *National*, j'ai affronté aujourd'hui ce danger, et j'ai passé la ligne artistique avec tous les honneurs de la guerre.

C'est vous dire que le rédacteur auquel vous avez ouvert vos colonnes est réellement digne de l'honneur que vous lui avez fait.

Mais, assez de digressions : entrons en matière.

Je vais d'abord dire ce qui m'a le plus frappé dans cette première et rapide visite ; puis ensuite j'indiquerai, salle par salle, les tableaux dignes d'attirer l'attention des visiteurs, soit par leur mérite, soit par leur étrangeté, soit par l'intérêt ou l'excentricité des sujets qu'ils représentent.

On comprendra que mon travail, fait avec la rapidité que je viens de dire, doive renfermer plus d'une lacune.

Je demande particulièrement pardon aux artistes dont les mérites m'auraient échappé dans cette course précipitée.

Je prie également mes lecteurs de ne pas trop se récrier si, dans les visites qu'ils feront à l'Exposition, ils découvrent des morceaux dignes d'intérêt que j'aurais négligés.

Ce que je veux constater tout d'abord, c'est que l'ensemble de l'Exposition est des plus satisfaisants, et dénote un progrès marqué dans le niveau de l'Art en France.

Il faudrait s'arrêter devant tous les tableaux ; il faudrait les désigner presque tous à l'attention du public.

Même en se montrant difficile, on ne peut faire un grand nombre de pas sans être obligé de faire une station.

Comme toutes les salles, y compris le Grand Salon carré, ne sont disposées que sous le régime de l'ordre alphabétique, il s'en suit que l'intérêt est distribué d'une façon à peu près égale dans chacun des vingt-quatre salons qui composent l'exposition.

En dehors de ces salons, il y a les salons

consacrés à la gravure, à la photographie, aux
pastels, aux aquarelles.

Les sculptures dont je ne m'occuperai pas
maintenant, parce qu'elles seules méritent
un compte rendu spécial, sont, suivant l'u-
sage, réparties dans le jardin du palais de
l'Industrie.

Mais je ne veux pas quitter les expositions
accessoires sans protester contre la manière
dont pastels, dessins au crayon noir et aquarelles sont confondus.

Il résulte de cette discordance une arle-
quinade qui nuit à chaque genre et à chaque
sujet ; il est certain qu'un pastel d'une teinte
blonde et douce est complétement écrasé s'il
se trouve entre un vigoureux dessin au
crayon noir et une aquarelle chaudement
teintée.

Et, par le fait de ce voisinage, dessins et
aquarelles paraissent, de leur côté, durs et
poussés outre mesure à l'effet.

Si je fais cette observation en ce moment,
c'est qu'elle s'applique également à un trop
grand nombre de tableaux qui perdent énor-
mément de leur effet et de leur importance
dans le tohu - bohu bigarré qui résulte de
la nécessité de les accoler les uns aux autres.

A ce point de vue, le Salon donne une
idée imparfaite de la valeur de chaque tableau, et il faut que ceux que l'on distingue
aient des mérites exceptionnels pour se faire
remarquer à travers ce bariolage.

Il y a un panneau de la salle n° 15, sur lequel je demande la permission de m'arrêter

un instant, parce qu'il m'a, en effet, arrêté lui-même, par un effet de ce genre.

Ce qui apparaît tout d'abord dans ce panneau, ce sont deux grands portraits exécutés par Mlle Zélie Jacquemart. L'un, d'une jeune femme en robe de satin rouge, et l'autre d'un jeune homme en jaquette de velours noir.

Je reviendrai à l'occasion sur ces deux portraits, dont je ne veux vous dire en passant que ceci, c'est que la vie y déborde ; on y voit le sang circuler dans les veines sous le satin de la peau.

Eh bien ! entre ces deux grands portraits qui attiraient mon regard, je voyais quelque chose d'incolore et d'effacé qui me paraissait souffrir de ce voisinage de satin rouge et de velours noir.

Il me semblait que ce n'était qu'une esquisse imparfaite sur laquelle le peintre n'avait pas eu le temps de déployer toutes les richesses de sa palette.

En m'approchant, je reconnus mon erreur.

C'était au contraire la chose la plus suave, la plus délicieuse et la plus achevée qui se puisse voir !

Figurez-vous une plage sur le bord de la mer ; une plage fréquentée par une pléiade de gracieuses baigneuses et d'élégants baigneurs prenant, après le bain de mer, un véritable bain de soleil. Les rayons de celui-ci sont tellement ardents qu'ils pâlissent encore les couleurs tendres et chatoyantes des costumes légers dont sont revêtus les unes et les autres.

Le ciel est bleu tendre.

La mer est d'un bleu encore plus adouci, et le sable de la plage est blond.

Sur cette plage s'étale, dans les positions les plus variées, un essaim de jeunes femmes aux traits les plus fins et les plus délicatement rendus, au milieu desquelles se trouvent, avec quelques jeunes hommes, un bon gros curé à la figure malicieuse qui paraît penser à tout autre chose qu'à la confession, tandis que, tout autour d'eux, des *fissets* et des fillettes ramassent des coquillages, pêchent des petits poissons ou bien lancent sur les flots de petits bateaux.

Vous voyez d'ici l'effet blafard et déteint que fait cette délicieuse toile, signée Kaemmerer, entre la robe de satin rouge éclatant qui se trouve à sa gauche et la jaquette de velours d'un noir d'ébène qui se trouve à sa droite.

Et pour compléter la chose, au-dessus de cette toile est posé un magnifique cadre contenant un splendide spécimen de chemiserie : chemises, cols et manchettes, le tout d'une blancheur telle et si éblouissante qu'on ne voit plus la figure qui les porte, tout à fait obscurcie par l'éclat de cette lingerie éclatante, sortie des mains d'une blanchisseuse émérite, dont on cherche l'adresse aux côtés du cadre.

Mais me voilà encore loin de mon programme !

Revenons donc bien vite à la désignation des toiles qui m'ont le plus frappé.

Vous allez croire que je veux imiter celui

dont je tiens la place en ce moment, et que d'ailleurs on ne saurait trop prendre pour modèle; je veux parler de cet inimitable maître en l'art de sainement juger et de dire harmonieusement, Théodore de Banville. Il y a deux ans, il commençait sa description du Salon de 1872, en parlant avec un enthousiasme bien naturel de l'effet qu'avait produit sur lui le magnifique paysage de Français, portant le titre de *Daphnis et Chloé.*

Je ne sais quel nom doit donner, cette année, à son nouveau paysage cet artiste aux doigts déliés, cet amant de la belle nature ; mais son tableau, dans le genre de celui qu'il avait exposé il y a deux ans, est une merveille qui dépasse encore cette merveille qu'avait si bien décrite Théodore de Banville. C'est un véritable Eden de feuillages et de fleurs, arrosé par une eau d'une transparence et d'une limpidité dont la vue rafraîchit et captive.

Aux bord de cette eau se trouvent deux femmes nues, à la chevelure flottante, et dont les épaules et le torse sont rendus de façon à défier le pinceau des maîtres les plus renommés dans la peinture académique et dans la peinture de genre.

Français a fait là une œuvre où il s'est montré à la hauteur des plus célèbres dans tous les genres. Ce beau tableau occupe le milieu du grand salon carré de droite, portant le numéro 11.

Après Français, il faut citer Bonnat, qui a envoyé au Salon un *Christ en croix*, destiné à la cour d'assises de Paris. Ce christ est remarquable surtout par la manière dont tous les muscles sont rendus et éclairés, en laissant apparaître l'ossature. La tête laisse peut-être à désirer au point de vue de la noblesse.

A côté de cela, Bonnat a deux autres tableaux : trois petites filles turques, véritables petits bijoux ; puis une Italienne, tenant devant elle un enfant nu, tableau non moins plein de charme, de vie et de couleur.

Une des œuvres les plus remarquables est un *Prométhée* de Ranvier, grande et vigoureuse composition d'un immense effet et d'une exécution supérieure. L'artiste a choisi le moment où Hercule tue le vautour en présence des océanides représentées sous les traits de l'Alsace et de la Lorraine.

Deux tableaux de Bouguereau, *les Italiennes à la fontaine*, et *la Mère aux deux enfants*, attirent les regards des amateurs de riche coloris.

Mais deux toiles captivent tout particulièrement l'attention du public : c'est d'abord une toile de Dupray, représentant une *Reconnaissance en avant du Bourget*. L'amiral commandant s'est porté en avant pour faire une reconnaissance. Mais le temps est sombre; il fait du brouillard, et les hommes qui ont mis pied à terre pour n'être pas gelés sur leur monture, vont et viennent dans le but de se réchauffer.

Le spectateur a devant lui l'amiral et son état-major, dont les regards cherchent à percer le brouillard et à percevoir dans le lointain les mouvements de l'ennemi.

Ce tableau est saisissant de vérité, et on ne peut pas le regarder sans se sentir pris d'une vive émotion au souvenir de nos souffrances et de nos douleurs.

Il en est de même du tableau de Neuville qui représente un combat entre une troupe de gardes mobiles, placés le long d'un remblai de chemin de fer, et des Prussiens échelonnés de l'autre côté sur une colline qui surplombe.

Les chefs ont peine à modérer l'ardeur de la jeune milice qui cherche à escalader le talus, et qui tombe frappée par les balles ennemies, à mesure que l'un de ceux qui la composent dépasse le talus protecteur.

C'est encore là un des tableaux devant lesquels on s'arrête, et où l'on reste dans une silencieuse contemplation.

Parmi les tableaux hors ligne, il faut encore citer un grand paysage de Busson, les *Ruines du château de Lavardin, près Montoire*, et les tableaux de Carolus Duran, dont deux ont le tort de chercher leur effet dans les fonds verts, comme l'*Enfant voué au bleu* le cherchait dans l'abus du bleu. Quant au troisième, une *Femme nue*, le peintre a voulu faire le pendant de la *Source*, d'Ingres; mais il n'y est pas arrivé tout à fait.

Je ne saurais terminer cette nomenclature incomplète, je le crains, des beautés exceptionnelles du Salon, sans parler d'un nouveau chaudron de M. Vollon, accompagné de superbes poissons de mer, dont le peintre n'a pu rendre aussi fidèlement la fraîcheur qu'en assistant lui-même à leur prise.

Il y a encore, parmi les excellentes choses du Salon, des natures mortes de Desgoffe, un champ de blé avec d'étincelants bouquets de coquelicots de Kreyder, les trois toiles de Gérôme, *l'Eminence grise, Molière et Corneille* et *le Grand Frédéric jouant de la flûte.*

Une des merveilles du Salon, à mon avis, est une petite toile de Firmin Girard, représentant *Une Promenade au temps de Louis XIII* dans un parc, par un temps d'automne. On entend les feuilles mortes craquer sous les pas des promeneurs, dont toutes les têtes sont d'une expression saisissante.

Il y a d'abord un premier groupe composé d'un jeune seigneur et d'une jeune personne qui semble sa fiancée. Viennent un peu plus loin les grands parents, qui semblent d'avis que tout marche pour le mieux. Puis, sur le perron de la maison, tout au fond, on voit encore les domestiques réduits à l'état de lilliputiens et dont les têtes curieuses attendent le résultat de cette promenade qui, paraît-il, doit être décisif.

Mais le temps me presse, et la place me manque. Je me vois contraint de finir par une sèche nomenclature des tableaux qui m'ont frappé plus particulièrement dans la course rapide que j'ai faite à travers toutes les salles.

Dans la **Salle** nº 1, voir la *Mer Méditerranée,* d'Appian; un paysage de Beauvriès; *le Capitaine Fracasse,* d'Edmond André; Paysage méditerranéen, de Viollet-le-Duc ; *le Char de la Moisson*, de Veyrassat.

Dans la SALLE N° 2, les *Tortues au Harem*, de Beyle, tableau plein de lumière, de vie, de grâce, de couleur et d'éclat.

Un tableau d'Emile Breton, peint à la façon de Corot, et demandant, comme les tableaux de ce maître, à être vu de très loin.

Une Bretonne contemplant la mer lointaine, par Jules Breton. Ce qui surprend dans cette toile, c'est la position un peu trop réaliste dans laquelle le peintre a placé celle à qui il donne la poétique occupation de contempler au loin le mouvement des flots.

Un *Paysage* de Bidaud.

L'Introduction du Crabe, amusante et jolie peinture de Burgest.

La *Plage*, d'Allongé, bel effet de mer montante, où le spectateur croit que la vague va lui mouiller les pieds.

Un *Paysage* agreste et très réussi de Benouville.

Le *Peloton de laine*, de Berne-Bellecour, qu'une jeune fille pelotonne en baissant les yeux, tandis qu'un jeune officier tient l'écheveau ; scène très morale qui se passe en présence des grands parents, et qui est un prélude de la demande en mariage.

La *Femme noyée* d'Antigna.

Dans le SALON N° 3, un *Portrait* de Bonne-Grâce, le *Christ* de Bonnat, une *Judith* de Blanchard, la *Ferme* de Bouché, les *Trois petites filles* de Bonnat, les *Moutons* de Brissot, les *Nains* de Beaumont ; un magnifique cadre contenant un superbe *Effet de soleil couchant*, par Emile Breton ; le *Mariage de Georges Dandin*, par Georges Balloin ; un vigoureux *Paysage* d'Auguste Bonheur ; le *Mariage alsacien*, de Brion ; un *Panier de fleurs*, de Rivan ; la *Glissade de la cuisi-*

nière et du *poulet rôti*, par Deboucheville; un *Portrait* de femme, par Berne-Bellecour; *Le Gué*, de John Lewis Brown; *Un village dans la neige*, de Jules Breton.

Dans le SALON Nº 4, *Pêches, Prunes et Groseilles*, d'Eugène Claudin. On voudrait avoir des greffes des arbres qui produisent d'aussi beaux fruits et particulièrement des arbustes d'où proviennent de si belles groseilles !

Le *Paysage* de Busson, éclatant d'effet de lumière ; une *Cour de ferme*, d'Albert Aublet; les *Italiennes à la fontaine*, de Bouguereau; un magnifique tableau de *nature morte*, où de superbes roses sont surmontées par de longues branches d'oseilles sauvages en fleurs, par Chapotin; la *Poste aux Chiens*, de Pierre Billet ; la *Famille du Cardinal*, de Baron; l'*École des Frères*, de Bonvin ; le *Chasseur sous bois*, de Berthelin.

Dans la SALLE Nº 5, *le Défilé*, d'Emile Bayard; *les Vaches à l'abreuvoir*, de Belly.

Dans la SALLE Nº 6, (grand salon), le *Portrait du maréchal de Mac-Mahon*, par Princeteau.

Le tableau de Henry Dupray, représentant la *Scène aux avant-postes du siége de Paris* ; deux *Paysages* de Corot; Une *Marche en avant*, de Protais; Un *Régiment de cuirassiers arrêté au milieu d'une rue tortueuse par une barricade*, de Detaille ; les *Pommes*, de Compᵗe Callix; *le Trouvère*, de Coëssin. La *Bacchanale*, de Prun ; le *Lavement des pieds au couvent*, par Pils; les *Pêcheuses élégantes*, par Castiglione ; les *Carpes de Fontainebleau*, par P. Comte.

Dans la SALLE Nº 7, *la Duchesse de Luynes et ses enfants*, par Cabanel; *Un Fourré*, de Xavier de Cock; *Vaches sous bois*, de Coignard; une *Marine*, de Clays; *David vainqueur de Goliath*, de Ch. Delaunay ; un paysage antique, de de Curzon; *les Marionnettes*, de Cortazzo, dont les mouvements singuliers font chuchotter deux jeunes femmes ; un *Saint Jean-Baptiste*, de Cabanel.

Dans le SALON N° 9 : *un Cimetière de village*, de Daliphard ; trois beaux *Portraits*, de Dubufe ; le *Portrait de Legouvé faisant une lecture*, par Delaunay ; *Nature morte*, de Claude. Ah ! que tout cela est donc vrai, et comme j'aurais bien, moi qui n'avais pas encore déjeuné à deux heures, goûté à ces huîtres fraîches et appétissantes, à ce homard, à cette brioche, à ce raisin, à ces prunes, à ces pêches, et comme j'aurais vidé de bon cœur ce verre de vin couleur de soleil ; mais passons. Ceci n'est pas pour de vulgaires consommateurs... Un Corot admirable à voir de l'autre bout de la salle : *Vaches à l'abreuvoir*, de Xavier de Cock ; *une Chaumière enguirlandée de roses et de vigne-vierge*, de Georges Dieterle ; *la Ronde devant le retour de la moisson*, de Xavier de Cock ; *une Mer toute étincelante de soleil*, par Maurice Courant.

Dans le même Salon : *le Glacier*, de Gustave Doré ; *les Trois Italiennes*, de de Conninck : passez vite devant elles ; si vous vous y arrêtiez, elles vous séduiraient avec leurs œillades et avec les fleurs qu'elles vous jettent au nez ; *un Bouquet de crysanthème jaune*, d'une couleur éclatante ; on est tout surpris de trouver ces fleurs de temps de neige et de gelée, à côté de raisins et de pêches non moins saisissants de vérité ; mais le peintre, Dubourg, est un habile homme qui sait faire fleurir ses fleurs et mûrir ses fruits en toutes saisons ; *les Coquelicots*, de Daubigny ; *la Mare aux bœufs*, paysage vigoureux de Victor Dupré. Dans ce salon, se trouve un grand tableau de Gustave Doré, *les Arènes après le martyre des chrétiens livrés aux bêtes*, grand effet d'apothéose avec flammes de Bengale un peu trop vertes.

Dans le SALON N° 10 : un *Paysage*, de Jules

Dupré à la Jules Dupré, on ne peut pas en faire un meilleur éloge ; *les Petites Italiennes*, de de Conninck ; *le Marché aux huîtres*, d'Eugène Fayen, où sur moins d'un mètre, le peintre a fait figurer plus de cent barques et plus de mille personnages ; la *Chasse au Faucon*, d'Eugène Fromentin ; *Splendeur et Misère*, tableau en deux actes et deux portraits, par Ernest Duez.

Dans le SALON N° 11 : *Un Mariage sous Louis XVI*, par Goupil ; *Deux jeunes femmes se rafraîchissant*, de Tony Faron ; *le Retour de la pêche au fanion*, par Fayen-Perrin ; deux petits tableaux miniatures, par Eugène Feyen. Le beau tableau de Français se trouve dans ce salon, ainsi qu'un second du même peintre, dans lequel son talent brille sous un autre aspect.

C'est dans ce salon que se trouvent aussi les trois toiles de Gérôme. Ne pas oublier les *Petits Chats* de Lambert.

Dans le SALON N° 12, les *Cendres*, toile magistrale de Glaize ; le *Concert de famille*, par Fix ; les *Cartes biseautées*, par Gide ; la *Chercheuse de puces* et la *Cuisine*, d'Armand Leleux ; *Après le départ des maîtres, les Domestiques prenant le café*, excellentes expresssions, bon coloris, par Grollerin ; *Effet de neige*, de Gagorffett.

Dans le SALON N° 13, *Les Bûcherons*, effet d'automne, par Hanoteau ; *La Promenade dans le Parc*, très fine peinture, par Firmin Girard, que j'ai signalé déjà parmi les meilleurs tableaux du Salon ; le *Musée d'antiques*, par Ferrandis ; une *Madeleine*, de Henner, belle pénitente, mais bien froide. On sent que la pénitence produit son effet et refroidit les ardeurs de l'ex-pécheresse. Une *Judith*, de Genty.

Dans le SALON N° 14, *Portrait de M. Thiers*, par Healy ; une *Judith* de grand caractère et de grand coloris, par Gironde ; un *Paysage*, par

Japy ; *Les Coquelicots*, de Kreyder ; la *Pêche à la ligne*, de Firmin Gérard ; la *Neige*, de Gibbon ; une *Rue de Constantinople*, de Hagemann ; *Sainte-Anne d'Auray*, par Jundt.

Dans le SALON N° 15 : C'est dans ce Salon que se trouvent les deux portraits de Mlle Jacquemart, accompagnés comme je l'ai dit en commençant. Conduire dans ce Salon les petites filles qui ne sont pas sages et les petits garçons qui ne veulent pas apprendre à lire, pour leur montrer la *Hotte de Croquemitaine*, dans laquelle M. Lobrichon a placé bon nombre d'enfants qui voudraient bien être ailleurs que là ; l'*Interrogatoire du Saint-Office*, par Claudius Jacquand.

Dans le SALON N° 16, *Portrait de Louis Veuillot*, par Emile Lafont. Le rédacteur en chef de l'*Univers* a une lèvre tout à la fois ironique et voluptueuse, et ses mains semblent gonflées tout autant de malice que de graisse. Cette peinture est cotonneuse, mais expressive. L'*Assassinat de Lepelletier*, par M. Leblank ; une *Boucherie italienne*, d'Edm. Lebel, avec la madone et la chandelle obligatoires ; un frais *Paysage*, de Lambinais ; *Marchande dans le Harem*, par E. Giraud ; les *Deux Esclaves et le Faucon*, de Lerolle (très chaude et très énergique peinture, couleurs éclatantes, dessin hardi) ; la *Visite à la Ferme*, de Gouby (les dames du château ont mis pied à terre pour donner du sucre aux poulains ; les oies regardent ce spectacle d'un air étonné) ; la *Fileuse*, de la Landelle ; un *Paysage oriental*, de Laurens ; la *Visite chez la Nourrice*, de Louis Lassalle ; un *Bouquet*, d'Adolphe Leleux ; le *Mariage protestant*, d'Armand Leleux.

Dans le SALON N° 17, qu'est-ce que ce n° 1,142 ? A l'œil morne et terne du sujet, au cordon rouge qu'il porte en sautoir et au bouquet de violettes, ce portrait me semble plus appartenir à la politique qu'aux beaux-arts.

Quel affreux spectacle : Un ignoble sultan africain, à la peau huileuse, aux lèvres proéminentes, au regard concupiscent, se délecte et ouvre les bras et les mains comme pour saisir sa proie, en entendant les chants d'une esclave blanche agenouillée au bas de son divan, et dont les regards, en même temps que les idées, se portent de tout autre côté que de celui de ce hideux personnage.

C'est un tableau bien dessiné, d'une couleur éclatante, et rempli d'expression, et qui doit porter ce titre : *Concupiscence et Résignation*. Le *Soir au Hameau*, par Legat ; le *Marché de Blois*, par Emile Le Borne ; l'*Eau lustrale*, belle composition peinte à Rome par Hector Leroux.

Dans le SALON N° 18, un beau tableau : *Fleurs, armures et tapis*, de Leclerc, et un autre qui pourrait lui faire pendant : *Bouquets champêtres, coquelicots et marguerites*, de Lemaire ; un curieux *Coin de Salon*, de Lassalle ; les *Plumeurs d'oies*, de Liébermat ; trois tableaux de Meissonnier fils : le *Jardin des Moines*, la *Marchand fripier* et la *Lecture à la Cour* ; les *Rôdeurs de Nuit*, de Munskacsy, et le *Mont-de-Piété*, du même, deux grands tableaux à effet ; la *Leçon de tambour*, par Ch. Moreau ; la *Foi en l'avenir de l'Alsacienne*, par Morton.

Dans le SALON N° 19, *MM. du tiers avant la séance royale du 23 juin*, par Lucien Mélingue. Parmi les députés laissés à la pluie, l'on remarque Mirabeau, Pétion, Barnave, Robespierre, Sieyès, Target, Malouet, Bailly, etc. La *Mer diaprée par le Soleil couchant*, de Mazure ; le *Juif errant*, de Gaston Mélingue ; la *Marée montante*, de Mesdeil ; *Phœbé*, de Machard (le croissant de la lune est formé de l'arc de la déesse) ; la *Sortie du Bal masqué* (bal du grand monde) d'Adrien Moreau.

Dans le SALON N° 20, le *Dîner à l'hôtel du*

Lion-d'Or, de Jules Noël; le très remarqué et très remarquable *Combat des gardes mobiles*, de A. de Neufville; les *Ramasseurs de varech*, du même.

Dans le SALON Nᵉ 21, une *Vue de Venise le soir*, avec bel effet de lumière, par A. Rosier; *Mandoline et Tambour de basque*, par Richler (de la couleur et de la grâce autant que l'on peut en vouloir); *Paysage rustique*, par Léon Richet; la *Petite Moissonneuse*, de Perrault; les *Anes sous bois*, de Palizzi; les *Lapins sous bois*, de Pelouse; le *Regard sur Metz*, de Protais.

Dans le SALON N° 22, le *Prométhée*, de Ranvier; *Fleurs*, de D. Roger; le *Troupeau et la Neige*, de Schenck, avec son pendant : *Moutons et Agneaux;* l'*Odalisque couchée*, de Saint-Pierre.

Dans le SALON N° 23, les *Arracheuses de pommes de terre*, de Sadée; le *Retour de l'église*, de Schlesinger; la *Fête du village*, de Salmson; la *Batelière*, de Scherzinberger; l'*Effet de la lecture* (deux jeunes femmes endormies), par Toulmouche; une jolie *Etude sous bois*, de Gabriel Thurner; *Danse espagnole*, par Hullman; les *Deux dragons*, de Valcker; la *Jolie blanchisseuse*, par Emile Saintain. — On en mangerait. — Voulez-vous vous taire, monsieur Jules! La *Jolie veuve*, de M. Emile Saintain. — On en mang .... — Vous êtes donc incorrigible, monsieur mon neveu? La *Jolie jardinière*, d'Emile Saintain. — On en m... — Décidément, monsieur Jules, j'assemblerai le conseil, pour savoir si vous devez être maintenu dans nos rangs. *Ville hollandaise au bord de l'eau et par un temps de neige*, par Van Hier; la *Fuite en Egypte*, de Tesler; l'*Ecole*, de Truphène, tableau très remarquable par la vérité de toutes ces têtes; l'*Atelier de couturières*, de Vrayer; le *Baiser par dessus la barrière*, de Serrure.

Dans le Salon n° 24, le *Chariot au bois*, de Veyrassat; la *Mère contant au curé le péché de sa fille*, par Vibert; les *Baigneuses*, de Zubert; le *Coffret de noces*, de Werzy, délicat et délicieux petit tableau; deux beaux tableaux d'*Animaux*, par Van Marck; le *Chaudron* et les *Poissons*, de Wollon.

Pour un homme affamé, je ne puis rester sur un meilleur sujet. Et sur ce, je vous tire ma révérence; car, pour une journée, en voilà une ! Mais ne comptez plus sur pareille aubaine, ou peut-être sur pareil ennui ; si vous le pensez, ayez la charité de ne pas le dire, je ne procéderai plus, à l'avenir, qu'à petite dose.

P. S. A propos, j'oubliais de vous dire un mot au moins de la sculpture. Elle est à la hauteur de la peinture.

Pour aujourd'hui, je ne mentionnerai que trois œuvres qui feront sensation : le *Narcisse*, de Dubois, l'auteur du *Chanteur florentin ;* le *Gloria victis*, groupe de Mercier, et le *Buste de Vitet*, par Chapus.

Dans le Salon n° 19, j'ai oublié de signaler le seul tableau de Manet qui ait trouvé grâce devant le jury ; c'est une peinture à grands traits, naïve en même temps que mystérieuse, et d'une grande originalité. J'en ai oublié encore bien d'autres, je m'en aperçois ; mais la place ! mais le temps ! Je réparerai ces omissions.

II

LA SCULPTURE

Mon cher Nestor,

Tu m'as fait faire tant de chemin pendant les deux journées que nous avons passées, depuis le matin jusqu'au soir, à parcourir les vingt-quatre salons de l'Exposition des Beaux-Arts, la veille et l'avant-veille de l'ouverture, que je n'ai pas, comme je te l'avais promis, pu assister à cette ouverture.

Tu n'as pas réfléchi que je ne suis plus d'une première jeunesse, et que je puis dire — sans comparaison, bien entendu — comme l'ivrogne de Gavarni : *Le cœur, il est bon; mais les jambes y va pas,*

Il me semble même — permets-moi cette digression — que le cœur devient meilleur, et aussi l'âme et l'intelligence, à mesure que les membres chargés d'accomplir leur volonté se détériorent.

N'est-ce pas une preuve de la séparation qui existe entre l'âme et son enveloppe terrestre?

Il me semble — je ne dis cela qu'à toi — que j'ai le cœur aussi jeune que quand j'avais vingt ans. Il y a même des moments où ce cœur, qui ne veut pas vieillir, éprouve des élans de *juvénilité* et même des joies d'enfant.

Mais je crois qu'il est essentiel d'entretenir ces qualités, et alors qu'on est obligé trop souvent de laisser reposer les bras et les jambes, de ne pas accorder de repos à l'esprit et à l'intelligence. Il ne faut pas laisser la rouille s'y mettre, car elle est capable de gagner également, si l'on n'y prend garde, ces qualités qui peuvent, si elles sont maintenues en pleine vigueur par un exercice non interrompu, nous permettre de braver les ravages du temps.

Donc, lorsque j'étais avec toi, mercredi et jeudi derniers, je partageais ta noble ardeur et ne sentais ni mes rhumatismes, ni mon lumbago.

Mais ils se sont vengés, les gredins! et, dans la nuit de jeudi à vendredi, ils sont revenus en force, si bien qu'ils m'ont cloué au lit pour deux jours.

Aujourd'hui je suis sur jambes et prêt à recommencer.

En conséquence, je te donne rendez-vous dans le grand jardin du Palais de l'Industrie, où nos vieux et jeunes statuaires ont envoyé tant d'excellentes choses, dignes de figurer dans ce Salon très remarquable de l'année 1874, et qui ont, sur les tableaux, l'avantage de ne pas se nuire réciproquement, en trouvant, grâce aux magnifiques plantes des serres de la ville de Paris, des accessoires qui les font valoir sans leur nuire en aucune façon.

Donc, dès demain matin, à dix heures sonnant, je serai en contemplation devant le vrai chef-d'œuvre de cette exposition de sculpture, le *Gloria victis!* de Mercié.

Tu sais l'endroit? au pied de la grande statue équestre de Brennus, qui occupe le point central du palais, et qui, franchement, a un air tout attristé, ainsi que son cheval, très bien campé du reste, de se trouver en si belle place et en si belle armure, rapportant de sa conquête de Rome un sarment de vigne pour en gratifier sa patrie.

Evidemment il fait la chose trop solennellement, et son air mélodramatique, partagé par sa noble monture, tourne au sombre; un peu de joie et de gaieté serait mieux de circonstance. Il n'a, d'ailleurs, de la position éminente qu'il occupe, qu'à promener ses regards autour de lui : il verra de plusieurs côtés, ce que la vigne a produit, et la satisfaction qu'éprouvent tous ceux qui ont en main une grappe de raisin.

A sa gauche se trouve justement le *Faune à la grappe,* jolie statue en marbre, de Lange Guglielino; et là bas, au fond, sur la droite, une *Jeune Bourguignonne,* de Falconnier, plus que décolletée, puisqu'elle est nue, et dont les gestes, ainsi que les mouvements de jambes quelque peu titubantes, prouvent qu'elle a su mettre amplement à profit les produits de l'importation de Brennus.

Peut-être est-ce la perspective de pareils résultats qui préoccupe le guerrier et lui donne l'allure chagrine que partage son cheval et qui frappe tout d'abord dans l'œuvre, à part cela, très remarquable, de M. Michel Pascal.

Mais bast ! qu'il contemple tant de bonne humeur, tant de consolations, tant d'heureux instants, tant de verve et tant de vaillance, dus à son importation, et il comprendra qu'il peut lever fièrement la tête, et trinquer avec ceux qui ont su si bien acclimater la vigne en France, et en tirer les excellents produits pour lesquels la terre française était toute préparée.

Que Brennus regarde encore, et il verra un joli groupe de Vendangeurs qui, sans lui, n'existerait pas, et que M. Sobre n'aurait pu composer faute de modèles.

Il verra, du côté opposé à la *Bourguignonne,* quatre jeunes gars — la merveille de l'Exposition ; — ils sont en costume moyen âge ; ils ont évidemment bien déjeuné et ont certainement assaisonné de bon vin leur repas.

. Leurs reins sont souples, leurs jambes alertes, leurs cous dégagés, et, grâce à cela, ils s'avancent, se tenant par le bras tous les quatre, d'un air gaillard et résolu. C'est le vin qui a assoupli leurs membres sans pousser leur ébriété jusqu'aux contorsions, de même que l'habile artiste qui les présente au public, M. Charles Le Bourg, a su leur donner une désinvolture dégingandée et rabelaisienne de circonstance qui n'a rien pourtant de forcé ni de disgracieux. Bien au contraire, ces quatre petits personnages, qui n'ont que cinquante à soixante centimètres de hauteur, sont la chose la plus gracieuse, la plus élégante et la plus amusante qui se puisse voir.

Et ce groupe, dont l'heureux auteur peut être fier, est en terre émaillée de diverses couleurs, de sorte que c'est en même temps une merveille de peinture et de sculpture ; les couleurs y sont harmonieusement disposées ; elles n'ont rien de criard ; de même que le groupe, dans sa construction, n'a rien d'exagéré et de choquant.

Brennus peut, à coup sûr, se glorifier d'être l'auteur de toute la bonne humeur qui anime ces aimables gaillards, dont l'aspect rappelle certaine eau forte publiée par Cadard et ayant pour légende cette phrase de Rabelais : *Ils allaient dodelinant la tête et barytonant,* etc.

Mais je te vois d'ici, mon cher neveu, froncer le sourcil, et trouver que, dans cette lettre de rendez-vous, j'empiète un peu sur l'œuvre commune.

Que veux-tu? Je suis si heureux d'être remonté sur ma bête et si impatient de poursuivre avec toi et avec nos amis le très intéressant travail que nous avons entrepris.

Ainsi, à demain matin, devant le *Gloria victis !* dont je ne dis pas un mot en ton absence.

A demain, donc.

Ton oncle,

ÉMILE PATUROT.

Eh bien ! mon cher directeur, cette lettre de mon oncle Emile m'a apporté un grand soulagement et m'a tiré, comme on dit vulgairement, une épine du pied.

J'avais, en effet, une forte épine, et qui m'aurait rendu difficile de gravir les quatre paliers qui conduisent au premier étage du palais de l'Industrie, où se trouvent les salons de l'expositien de peinture.

Vous le dirai-je ? je suis un peu fataliste et enclin à croire aux choses surnaturelles.

Eh bien ! j'ai eu, depuis la publication du deuxième article sur le Salon dans le *National*, une nuit remplie d'un affreux cauchemar, qui s'est reproduit le lendemain et le surlendemain, et franchement, je l'avoue, j'avais mérité cette punition.

Ayant eu l'idée, vous le savez, de donner, dès le premier jour de l'Exposition, aux lecteurs du *National* un aperçu de son ensemble, et l'indication de quelques-unes des toiles contenues dans chacune des salles, j'ai accompli, tant bien que mal — plus mal que bien, j'ai lieu de le craindre — cette tâche ardue.

Mais l'idée n'était pas mauvaise, il faut le croire ; car, depuis lors, un grand nombre de nos confrères l'ont reprise en imitant le *National*, et ont tracé de la même façon que lui un itinéraire aux visiteurs.

Le *Siècle* lui-même, tout en trouvant que « l'ancien journalisme eût repoussé avec horreur cette innovation », ne l'a pas moins admise, en reconnaissant « qu'elle est imposée aujourd'hui par l'universel besoin d'informations rapides. »

Mais qu'est-il arrivé de cette multiplicité d'indications, de ce grand nombre de *vade mecum*?

C'est que le Salon, ne contenant, ainsi que j'ai eu l'honneur de vous le dire, que des œuvres qu'il faudrait, pour ainsi dire, toutes citer, chacun des nouveau-venants a trouvé des tableaux différents de ceux qui avaient été, jusqu'à ce moment, mis en avant.

Eh bien, sachez, mon cher directeur, que m'étant trouvé transporté en rêve dans les salles d'exposition, je me suis vu assailli par une foule de tableaux qui descendaient les uns après les autres de leurs places et dansaient d'une façon vertigineuse devant moi en même temps que les personnages qu'ils représentent me lançaient des regards furieux, me faisaient d'épouvantables menaces accompagnées d'affreuses grimaces, en me demandant pourquoi je ne les avais pas cités.

Et en me parlant ainsi, ils me montraient qui le *Gaulois*, qui le *Figaro*, qui le *Paris-Journal*, qui le *Rappel*, qui enfin le *Siècle*, où les noms des auteurs de ces tableaux omis par moi se dressaient devant mes yeux en lettres flamboyantes.

En un mot, c'était une sarabande de tableaux, de personnages, d'artistes, de journalistes, qui venaient, les uns après les aures, en pesant sur ma conscience et sur ma poitrine, me donner cet atroce cauchemar.

Je n'ai été tiré de l'horrible état dans lequel je me trouvais, que lorsqu'après avoir été placé sur un bûcher qu'ils avaient préparé, j'ai commencé à sentir les premières atteintes de la flamme.

Du feu je suis passé dans l'eau, car, à mon réveil, je me suis trouvé littéralement dans un bain de sueur froide.

Et dire que le lendemain, le même supplice a recommencé !

Aussi, me disais-je, après ces deux nuits : Mon pauvre Nestor, dans quelle galère es-tu allé t'embarquer ? et qu'avais-tu besoin, à ton âge, de te lancer aussi imprudemment dans le monde des arts !

Je n'osais plus remettre les pieds au Salon, dans la crainte de voir se réaliser ces affreux rêves, ou simplement de m'entendre décocher quelque apostrophe malsonnante.

Cependant mon crime, si crime il y a, était bien peu intentionnel. N'avais-je pas déclaré qu'il faudrait, pour être juste, citer tout le monde ? et, d'ailleurs, ce n'était là qu'un travail préalable, qu'un coup d'œil rapide, dans lequel je n'avais pu tout embrasser, en attendant un travail plus sérieux, plus détaillé et plus complet, qui consistera dans l'examen, dans la photographie écrite, si l'on veut me permettre l'expression, de chacune des salles de l'exposition.

C'est ainsi que la lettre de mon oncle Émile m'a tiré une épine du pied, en me dispensant de remonter, dès aujourd'hui, dans les salles qui ont été le théâtre de mes omissions, et en me permettant de tenter d'obtenir mon pardon par ces excuses bien sincères.

Et voilà dans quelles dispositions d'esprit je me suis rendu à la convocation de mon oncle qui avait eu soin d'appeler aussi le cousin Joseph, et le trop inflammable Jules, Mme Paturot devant, à l'heure du déjeuner, nous retrouver au buffet de l'Exposition, et réviser le compte rendu de nos explorations.

Après avoir franchi l'entrée du jardin défendue par deux sphinx en marbre de M. EUGÈNE PIAT , qui ne consentiront pas à me dire, je le crains bien, les mystères de la sculpture, je me suis avancé jusqu'à l'autre côté de la statue de *Brennus,* au sujet duquel il n'y a plus rien à ajouter après ce que mon oncle en a dit dans sa lettre ; et j'ai trouvé mondit oncle, dont le cœur est, en effet, toujours jeune, en contemplation, non pas devant le *Gloria victis,* mais devant une délicieuse et peu chaste statue en marbre, n'ayant pour tout vêtement que la *Ceinture dorée,* dont M. D'EPINAY, son habile auteur, lui a donné le nom.

— Diable ! diable ! dis-je à mon oncle, voilà ce qui vous captive ! quand vous avez à côté de vous cette œuvre merveilleuse ! La concupiscence l'emporterait-elle encore chez vous sur le patriotisme ?

— Que veux-tu , mon cher Nestor ? ce groupe de Mercié, ce *Gloria victis !* est tellement empoignant , tellement absorbant , que j'ai été obligé d'en détourner mes regards, afin de dominer l'émotion patriotique qui m'avait gagné , et qui aurait pu, je le sentais aux battements précipités de mon cœur et à la suffocation qui me prenait à la gorge, me causer quelque accident.

Je suis venu en contemplant cette autre statue—d'un caractère plus léger, j'en conviens — tirer mon esprit de la tension extrême qu'il éprouvait et qui réagissait sur mon physique.

— Oui, en vous plongeant dans les délices de Capoue.

Franchement, l'auteur de cette statue lascive s'est bien peu inspiré de l'idée morale enfermée dans le proverbe : « Bonne renommée vaut mieux que ceinture dorée. »

Et s'il fallait qu'il complétât la pensée comprise dans cet adage, je me demande sous quels traits il pourrait représenter cette bonne renommée, pouvant faire pièce à ladite ceinture dorée ?

— Monsieur mon neveu, c'est moi qui vais maintenant te rappeler à l'ordre, et te demander où tu as pu aller puiser de telles idées : songer à comparer la beauté morale à la beauté physique ! une Phryné à une Cornélie !

— Mon cher oncle, je m'incline ; j'étais dans le faux. Cette fois, honneur à vos cheveux blancs, à votre vertu et à votre expérience.

Mais avouez que votre contemplation devant ces formes séduisantes était bien de nature à me faire glisser du côté de la beauté physique.

Et d'ailleurs, nous sommes ici dans le temple de la forme, et c'est surtout de cela que nous avons à nous occuper.

Nous devons, avant tout, rechercher si les artistes sont dans la voie de ce qui est réellement beau, et ne cherchent pas leurs modèles du côté de l'imperfection...

— Je t'arrête là ! Oui, nous devons rechercher si les artistes s'inspirent du beau, mais le beau n'est pas seulement dans la forme, il est surtout dans la pensée, et la pensée se traduit par l'expression.

Cette expression se trouve au suprême degré dans le groupe dont nous avons eu le tort de ne pas nous occuper tout d'abord, dans le groupe du *Gloria victis!* qui m'a procuré, à mon arrivée, une très forte impression, et dans la contemplation duquel il est de notre devoir de nous absorber en commençant les travaux de cette journée. Ce sera notre *Veni Créator*.

— Vous avez raison. Voilà l'œuvre qui devra tout d'abord attirer notre attention et inspirer nos méditations. Il faut admirer, et malheureusement cette admiration ne peut se traduire en paroles trop insuffisantes.

Aurons-nous donné une idée de ce groupe électrisant en disant que la Gloire, sous les traits d'une grande et noble femme, emporte fièrement et d'un bras vigoureux un blessé qu'elle a pris sous sa protection ? L'esprit de cette composition, l'effet qu'elle produit ne peuvent se rendre par des mots ; c'est une œuvre d'inspiration dont la pensée saisit ceux qui se trouvent en présence de ce groupe, en les plongeant dans de profondes et vivifiantes rêveries.

— Mon cher Nestor, je me vois à mon tour obligé de te tirer à mon grand regret de ta contemplation et des hautes régions auxquels tu viens de t'élever, car le temps passe, et notre tâche est loin d'être terminée. Puisque nous avons déjà examiné la statue qui se trouve à droite du *Gloria victis*, regardons de suite celle qui est à gauche et qui lui fait pendant.

C'est une *Bethsabée* sortant du bain ; elle n'est, ma foi ! pas mal : bien potelée et bien rondelette !

— Voyons, mon cher oncle, ne laissez donc pas toujours votre jeune cœur déborder et habituez-vous à considérer toujours ces femmes nues au point de vue de l'esthétique ; celle-ci n'est pas mal, je le veux bien : elle a une très jolie pose, mais elle est d'un type moins relevé que celui choisi par l'auteur de *Ceinture dorée*. Néanmoins, M. Blanchard mérite des éloges, car c'est après tout une très belle étude, au point de vue du modelé et de la forme. Mais si vous m'en croyez, nous allons adopter une méthode dans la revue rapide que nous entendons passer aujourd'hui de cette partie de l'exposition.

Le *Gloria victis!* valait qu'on débutât par lui ; mais à présent, si nous nous promenons à droite et à gauche, nous nous exposerons à négliger certaines parties du jardin et à avoir des lacunes dans notre examen.

Or, je sais par expérience ce qu'il en coûte en pareil cas, et je veux éviter de retomber dans la même faute.

Reprenons notre examen à l'entrée en tournant de suite à droite.

Mais qu'avez-vous donc fait de nos compagnons?

— Je n'ai pu retenir Joseph. Il a trouvé que tout était ici trop froid pour son ardeur belliqueuse, et il m'a dit en s'élançant dans le grand escalier : « Ça sent la poudre, là-haut, et ma place est là où l'on bataille. »

— Bravo! nous le chargerons de faire un feuilleton spécial sur la partie militaire de l'Exposition, et cela nous donnera le temps de continuer plus tranquillement la suite de nos examens, et de faire à tête reposée la description de chacune des salles que nous aurons parcourues.

— Et Jules? est-il donc, lui aussi, pour les batailles ?

— Ah bien, oui ! Il a bien d'autres chiens à fouetter ; — pardon de l'expression ! — car c'est lui qui devrait l'être pour l'ardeur avec laquelle il s'élance dès qu'il entrevoit un pied mignon, un cothurne bien lacé, une taille élégante , vêtue et même non vêtue.

Et il paraît que, lui aussi, est amateur de la couleur, car il a de suite déserté toutes ces femmes de marbre, qui, paraît-il, ne l'inspirent pas suffisamment.

— Il y a du vrai là-dedans, et franchement, il faut une bien forte dose d'amour de l'art, chez les jeunes gens qui accordent à ce mode rebelle et ingrat la préférence sur la peinture, qui présente comparativement tant de charme et de facilité.

Un peintre, devant son chevalet, dès ses premiers coups de brosse, produit une esquisse déjà attrayante, et qui le captive de plus en plus, à mesure que les couleurs passent de sa palette sur sa toile.

— Mais ne penses-tu pas que le sculpteur éprouve des jouissances pareilles, lorsque d'une masse informe de terre glaise il tire, à l'aide de ses doigts et de ses ébauchoirs, une maquette ayant forme humaine ? Ne te souviens-tu pas d'avoir vu Mélingue dans *Benvenuto Cellini*, et du tour de main par lequel, en quelques minutes, il troussait une *Psyché*.

— Vous auriez raison si un sculpteur ne faisait, dans toute sa vie, qu'une seule statue, qu'un seul type, qu'une seule et même *Psyché* dont il connaîtrait la conformation. Il finirait, par habitude, par en tirer autant d'épreuves qu'un imprimeur en taille douce en tire de planches en cuivre ou en acier.

Mais avant d'avoir trouvé ce type, que d'études, que d'efforts ! Combien de fois il faut tout effacer, tout remanier; car, remarquez-le, il ne s'agit pas ici, comme dans la peinture, d'un seul aspect. Lorsque l'artiste a modelé sa maquette de face, il se trouve que, de profil, elle est disgracieuse; que la pose, agréable d'un côté, est impossible de l'autre.

Songez par combien de remaniements, il faut que son œuvre passe, avant de devenir, non pas parfaite, mais seulement acceptable sous tous les aspects et *contemplable* de tous les côtés.

Voilà ce qui m'a toujours paru la grande difficulté de la statuaire.

Et puis, quelle différence de résultat ! Quand, à côté du peintre, qui a à son service les couleurs si vivantes par elles-mêmes, il s'agit d'animer cette terre, ce plâtre ou ce marbre, et de donner la vie à cette image de la mort !

Car l'image de la mort, n'est-ce pas cette pâleur et cette apparence glaciale qui est la conséquence des matières employées.

Le sculpteur a-t-il du moins plus de facilité que le peintre pour l'écoulement de ses œuvres ?

Pas du tout !

Le plus souvent, il travaille pour la gloire.

Et combien, parmi toutes ces statues très acceptables que nous avons sous les yeux rentreront, pour ne plus en sortir, dans l'atelier où elles ont vu le jour !

Sauf quelques villes qui voudront avoir sur une de leurs places publiques l'image de leurs enfants devenus illustres, sauf quelques corporations ou quelques musées, désireux de posséder quelques copies des grands maîtres ou bien les effigies de leurs membres, où le sculpteur peut-il penser à placer ses œuvres?

De là cette manie de se maintenir dans les types de la mythologie, toujours de mise pour les musées vers lesquels le sculpteur tend toujours les bras, ou bien de tomber dans les errements de cette imagerie religieuse dont le quartier général se trouve aux alentours de l'église Saint-Sulpice et dont l'exposition actuelle renferme un trop grand nombre d'échantillons, qui ne dépassent pas la moyenne de ce qu'on voit exposé aux vitrines des marchands de ce quartier.

On dirait que si l'on faisait mieux dans ce genre, on ne serait point compris, et que, pour ne pas être hérétique au point de vue clérical, il faut l'être au point de vue artistique.

Donc, retournons aux deux sphinx!

— As-tu donc envie de deviner l'énigme?

— Mon cher oncle, je vous laisserais ce soin...

— Voudrais-tu donc être avunculicide et aurais-tu déjà des vues sur ma succession, car tu n'ignores pas que le sphinx précipite dans le gouffre tous ceux qui ne devinent pas l'énigme.

— Vous ne m'avez pas laissé achever ma phrase. Je vous laisserais ce soin s'il y avait encore comme jadis, pour le vainqueur du sphinx, une Jocaste à épouser, de façon à satisfaire la jeunesse toujours remontante de votre cœur.

Mais il n'y a pas plus de dangers pour moi que de Jocaste pour vous. Ces sphinx-là ne peuvent distribuer

Ni cet excès d'honneur, ni cette indignité.

'Tiens ! mais voyez donc, mon oncle ! voici une petite statuette en marbre qui me semble ne pas manquer d'originalité ! c'est un *Vigneron du Jura, faisant des échalas*, par Claudet.

— Tu as, ma foi, bien raison ! c'est une charmante chose que l'on rencontre trop peu dans les œuvres de la sculpture, et dont de plus nombreux échantillons la populariseraient, si elle consentait à descendre de l'Empirée pour s'occuper un peu de ce qui se passe sur la terre. C'est ce que les peintres ont su faire, et je crois qu'ils ne se trouvent pas plus mal d'avoir abandonné les dieux et les demi-dieux pour prendre leurs modèles parmi les simples mortels de leur époque.

— Oui, mais il faut, pour ce genre réaliste, plus de vérité, plus de bonhomie, et MM. les sculpteurs ont trop l'habitude de se renfermer dans un certain poncif qui leur rappelle leurs premières études et qui semble leur faire considérer comme méprisable la génération à laquelle ils appartiennent.

— Cependant, il est une école qui commence à se faire aux nécessités de l'époque, et c'est cette école à laquelle nous devons l'adorable groupe de Le Bourg et la *Bour-*

guignonne, de FALCONNIER, que j'ai signalés dans ma lettre, ainsi qu'une foule de statuettes proportionnées aux dimensions de nos habitations modernes et dans la plupart desquelles il y a autant d'art et souvent plus d'ingéniosité que dans les grands morceaux.

— Eh bien ! mon cher oncle, nous avons tout à fait la même idée ; et je me proposais de dire, à la première occasion, ce que vous venez de dire. C'est, en effet, vers ce genre plus modeste, mais non moins artistique de la statuette que doivent particulièrement tourner les efforts de nos sculpteurs modernes, qui ont, en outre, une vaste carrière dans ces jolis bustes d'enfants et de femmes dont on rencontre ici, à chaque pas, de charmants échantillons. Tenez, cette *Petite fillette tenant sa poupée*, de M. MABILLE, n'est-elle pas adorable ?

— Je suis de ton avis, à la condition que le sexe masculin laisse la place au sexe féminin et aux enfants. Quant aux bustes d'hommes, je n'admets que ceux des savants et des célébrités ; encore faut-il que savants et célébrités soient arrivés à un certain âge qui leur ait apporté cet air vénérable et ces traits accentués, où l'artiste peut déployer son talent et montrer son intelligence.

Si j'étais du jury, je refuserais impitoyablement tous les bustes de gommeux ou de braves bourgeois, qui peuvent faire très bon effet dans l'appartement de ces messieurs, mais qui donnent au Salon une piteuse idée de l'art sculptural et de l'humanité.

5.

Bustes d'enfants, bustes de jeunes femmes et bustes d'hommes ayant conquis le droit de se montrer en marbre devant le public, voilà tout ce que le Salon devrait renfermer!

Quel meilleur exemple pourrions-nous trouver de tout ceci, que ce magnifique buste de *Théophile Gautier*, par Emile Thomas?

— En effet, ce buste est, en même temps, d'une ressemblance frappante et d'une grande distinction, en même temps que d'une élévation de pensée qui, certes, appartenait bien au modèle; mais comme tout être humain a ses moments de prostration, le vrai talent de l'artiste consiste à savoir saisir l'instant où l'intelligence illumine le modèle dont il entreprend de rendre non-seulement les traits, mais la pensée.

— Mais, mon cher oncle, précipitons un peu nos pas si nous voulons parcourir tout l'espace qui s'étale encore devant nous.

— N'allons pas cependant plus loin sans nous arrèter devant ce beau groupe d'Emile Chatrousse : *les Crimes de la guerre.*

Triste! triste! triste! Quelle souffrance dans les traits amaigris de ce malheureux père de famille dont l'enfant gît mort à ses côtés, sur les décombres où lui-même est assis.

Quelle effrayante douleur aussi dans l'attitude désespérée de cette femme dont on ne voit pas la tête cachée entre ses bras, sur les genoux du chef de la famille! C'est navrant!

— Voilà un sujet plus gai. Que dites-vous de ce *Jeune Semeur*? Comme il s'avance bien à pas comptés, et comme il lance bien le grain au devant de lui. M. Gravillon a su lui donner une excellente attitude et un mouvement plein de naturel.

— La travée suivante mérite également d'attirer notre attention.

Que dis-tu de ce personnage dont la physionomie ainsi que la pose disent bien le titre que lui a donné M. Roubaud : l'*Attente*? L'on sent dans ce personnage un mélange de résignation, de douleur et d'énergie comprimée, laquelle compte bien avoir son heure.

Le *Prométhée*, de M. Guilbert, qui est à côté de lui, mérite également de fixer l'attention, de même aussi le *Marius sur les ruines de Carthage*, de M. Chambard

Ne quittons pas cet endroit sans prendre un peu de gaîté et de fraîcheur en contemplant *Bettina*, joli buste de jeune femme, par Toppfer, dont la naissance, à Genève, me laisse supposer qu'il est fils ou parent du célèbre dessinateur—écrivain de ce nom.

— Eh! eh! mon cher oncle, que dites-vous de cette *Jeune fellah du Caire*? Voilà un petit buste qui fait honneur à Mlle Dubray. Est-ce bien coupé! Remarquez-vous la netteté des traits et la pureté de la forme?

— D'autant plus qu'elle a de jolies formes qui ne manquent pas de rondeur et de charmes.

— Mon oncle! mon oncle!

— Que veux-tu? Je ne puis me défaire de cette maudite jeunesse qui me remplit le cœur.

— Allons! et pour vous rappeler aux idées

sérieuses, contemplez-moi ce *Buste de Guillaume le Conquérant*.

Le malheureux a l'air bien mal à son aise dans cette armure, dont la cote de maille lui enveloppe la face comme un cache-nez de fer et avec la patte médiane de son casque qui lui couvre le nez et la moitié des yeux, en le contraignant à loucher. Quel affreux supplice, si la mode nous ramenait un harnachement pareil !

— Il est vrai qu'avec son casque à nasal et son haubert, il n'a pas l'air de s'amuser.

Mais pressons le pas, d'autant plus que nous n'avons pas grand'chose à voir par ici.

Qu'est-ce que c'est que cette énorme figure, et à quoi peuvent servir des colosses pareils?

— Ma foi ! je serais bien embarrassé de le dire; mais, malgré ses immenses proportions, ce personnage me paraît merveilleusement charpenté. Cela n'est pas étonnant; le livret m'apprend qu'il est de mon ami. Le Bourg, et celui-ci, évidemment, a tenu, en modelant cette énorme statue, à répondre à ceux qui voudraient le considérer comme un simple fabricant de petites statuettes en faïence, car c'est de lui que sont les quatre gais lurons dont je te parlais dans ma lettre, et qui, justement, sont à deux pas d'ici.

Allons les voir.

— Mais, mon oncle, il ne faut pas dire de mal des statuettes en faïence. Est-ce que le seizième, le dix-septième et le dix-huitième siècle ne nous ont pas légué ces inimitables petits groupes, si recherchés aujourd'hui par les collectionneurs ? N'était-ce pas de l'art véritable ?

— Tu as bien raison. Quand on a cité des noms comme ceux de Lucca della Robbia, de Bernard Palissy et des maîtres de Meissen, on peut bien se regarder comme en pleine famille artistique.

—Mais avant d'aller contempler cette petite merveille dont je crains que vous ne m'ayez dit trop de bien,—ce qui pourrait me laisser froid devant elle, ainsi qu'il arrive souvent lorsqu'on se trouve en présence d'une œuvre vantée outre mesure—dites-moi donc un peu ce que représente cette grande figure ramassée sur elle-même de votre ami Le Bourg ?

— Ne vois-tu pas que cet homme ramassé sur lui-même tient à la main un disque qu'il se prépare à lancer devant lui à la plus grande distance possible ? C'est, comme l'auteur a eu soin de le dire, un *discobole*.

Le disque, δισκος, était, chez les Grecs, un palet rond en fer, en cuivre ou en bois, d'un diamètre d'environ trente centimètres. Dans les jeux publics, des athlètes, nommés δισκοβολοι (discoboles), se disputaient le prix du disque. Celui qui savait mieux *discoboler* (δισκοβολέιν), c'est-à-dire lancer le disque et lui faisait parcourir une plus grande distance, était proclamé vainqueur.

— Eh bien ! mon cher oncle, je suis obligé de rendre les armes. J'arrivais, non sans une certaine crainte, comme je vous le laisserai entendre tout à l'heure, devant ces quatre joyeux lurons. Mais la réalité l'emporte encore sur vos éloges. Je ne puis que vous dire une chose qui vous exprimera bien ma pensée, c'est que, jusqu'à cette heure, c'est l'œuvre de cette Exposition que je préférerais posséder parmi toutes celles que nous avons vues.

— Sont-ils bien ? sont-ils parfaits ?

Voilà quelque chose de récréatif, que l'on ne se lasserait jamais d'avoir devant les yeux !

Quelle fidélité au point de vue archéologique dans les costumes, en même temps au point de vue artistique ; quelle variété dans les ajustements et quelle harmonie dans les couleurs !

Et puis, comme la pose de chacun est bien individuelle et fait ressortir la pose toute différente du voisin, sans nuire le moins du monde à l'ensemble !

Enfin, ce groupe est adorable, mais il ne nous est pas permis de nous y attarder plus longtemps.

— Mais quelle est cette *Victoire*, destinée évidemment à surmonter un grand monument d'où elle doit distribuer ses palmes et ses couronnes ?

— Cette Statue est destinée au monument commémoratif de la victoire remportée par les Péruviens sur l'escadre espagnole, le 2 mai 1866. C'est à la suite d'un concours universel que M. Léon Cugnot a été chargé de ce travail.

— Quel est cet immense monument dont nous n'apercevons d'ici que le soubassement en marbre, flanqué de quatre statues en bronze. Pour étudier la statue en marbre couchée sur le sarcophage placé au sommet de l'édifice, il faudrait monter dans les galeries latérales qui encadrent l'Exposition.

— Le Livret nous apprend que ce monument funéraire est celui de Mme ***, dû à M. Guérinot, comme architecture, et à M. Barryas, comme sculpture.

— Il semble que nous arrivons au pays des rêves. En tout cas, nous sommes dans l'empire de Morphée. Dort-il bien, ce *Juvenis dormiens*, ainsi que l'a surnommé M. Bullier, son auteur.

— Et celui-ci, dû à Antoine Etex, et qu'il appelle l'*Enfant endormi*, en y ajoutant le commentaire que voici :

Symbole de l'humanité. — L'enfant est étendu sur la croix recouverte d'une peau d'agneau. La plinthe est ornée de sept animaux qui représentent les sept péchés capitaux guettant l'enfant dès son entrée dans la vie.

— Mon oncle ! mon oncle ! Accourez donc, mon oncle ! Retournez-vous donc ! Voici du curieux !

Dans quelle position est cet homme ! Est-il crispé ! est-il contourné ! Et quels cris il semble qu'on entend sortir de son gosier ! Voyez donc : il a un chien cramponné après lui et qui le tient à la gorge ! Est-il bien mordu ! Comme tous ses muscles tressaillent sous la douleur ! comme les ongles du chien entrent profondément dans sa chair, et comme les dents vont emporter le morceau !

— Qu'a-t-il donc pu faire, le malheureux,
pour s'être attiré pareil sort?

— Parbleu! c'est le *Chien de Montargis*.
Du reste, il n'y a qu'à lire le livret pour
comprendre ce qui se passe :

Il se jeta d'un plein saut à la gorge de son ennemi, et s'y attacha si bien, qu'il le renversa **parmi**
le champ et le contraignit à avouer son crime.

(*Bernard de Montfaucon.*)

— Bravo à M. DEBRIE pour avoir si bien
rendu cette scène émouvante!

Voilà, pour nous remettre d'une si forte
émotion, une charmante étude de M. ER-
NEST TEXIER sous ce titre : *Jeune femme portant des fleurs et des fruits.*

— Et aussi cette *Angélique*, de MILLET DE
MARCILLY.

— Nous voici parvenus à un endroit intéressant; nous avons près de nous deux des
morceaux comptés parmi les plus remarquables de l'Exposition.

C'est d'abord le *buste de M. Vitet*, par
CHAPU.

J'en suis fâché pour M. LEENHOFF qui a
exposé aussi un buste du même académi-
cien, destiné à l'Institut, buste bien fait, sur
lequel il n'y a rien à dire, et qui ne peut
soulever d'autre critique que celle qui résulte de sa comparaison avec le buste de M.
CHAPU.

Tous les deux sont ressemblants ; mais il
en est un qui a le feu sacré.

Retournons-nous et examinons cette statue en marbre qui porte le n° 2823. Nous la

voyons par derrière : est-ce un homme, est-ce une femme ?

— Je ne saurais le dire.

— Eh bien ! vous venez de faire la critique de cette statue, le *Narcisse*, de M. Paul Dubois. Il est vrai que le sculpteur a été conduit par son sujet à faire ce personnage efféminé, dont les belles formes sont incomplètes, si on cherche la beauté féminine, et manquent tout à fait des qualités qui font la beauté virile de l'homme.

— Mais alors M. Paul Dubois est bien arrivé au résultat qu'il voulait atteindre, en choisissant ce sujet ; et c'est probablement cela qui vaut à sa statue les éloges qu'on lui donne généralement.

— C'est possible ; mais à quoi bon chercher des difficultés de ce genre ? Et quand on fait de la sculpture, pourquoi chercher à immortaliser par le marbre des formes qui ne satisfont complétement ni d'une manière ni de l'autre ?

Le *Narcisse* de M. Paul Dubois est bien posé et admirablement sculpté ; mais il laisse le spectateur froid et entièrement indifférent. La tête elle-même se ressent du terme moyen dans lequel le sculpteur a dû se maintenir. Elle est insuffisante et insignifiante.

Nous voici en présence du fameux *Figaro* destiné à personnifier le journal qui porte ce nom. Il me semble que l'œuvre faite en commun par MM. Amy et Boisseau produit un meilleur effet ici que dans la *loggia* qui lui a été réservée au centre de la façade de l'hôtel que ce journal vient de se faire construire.

Qu'en pensez-vous?

— Effectivement, on la voit mieux ici. La figure ne manque pas de finesse, et l'attitude générale est bonne.

— Que dites-vous aussi de ce *Jeune flûtiste* en bronze, de M. FARAILL? N'est-ce pas un joli morceau?

Et de ce *buste en marbre de M*^me *N. C...*, exposé par M. COURTET? N'est-ce pas un gracieux spécimen en ce genre?

Mais nous voici arrivés au buffet juste à l'heure fixée pour le rendez-vous.

Voyez-vous là-bas nos deux jeunes gens qui tiennent déjà conseil avec Mme Paturot, et il me semble que celle-ci, ainsi que Joseph, cherchent à calmer le trop inflammable Jules, que vous avez eu le tort, mon cher oncle, de lâcher sans mentor au milieu d'une foule d'exhibitions qui lui donnent évidemment la fièvre, et qu'il aurait fallu lui servir à plus petite dose.

— Allons donc! n'entendez-vous pas qu'il est à discuter sur les mérites des portraits de MM. DUBUFE, CABANEL et CAROLUS DURAN. La chose est sans conséquence.

Ici repos, réfection bien naturelle, et compte-rendu à Mme Paturot des études de notre matinée, observations judicieuses de celle-ci à intercaler dans nos notes, et qui vont tout particulièrement contribuer à l'intérêt, — si tant est qu'il y ait intérêt, — de notre récit.

Mais nous n'avions accompli que la moitié

de notre tâche, et même moins que la moitié, car, en suivant la grande allée qui forme la ceinture de l'Exposition, nous n'étions pas entrés dans l'allée centrale, où se trouvent trois autres rangées d'œuvres exposées.

Malgré tout le désir que nous avions de donner en une seule fois à nos lecteurs un aperçu aussi complet que possible de l'Exposition de sculpture, nous n'avons pu réussir, tout en étant très sobre d'observations, à tout faire entrer dans un seul chapitre.

Donc, amis lecteurs, si vous n'avez pas éprouvé trop d'ennui en notre compagnie, dans cette première promenade dans les allées du jardin du palais de l'industrie, nous vous convierons très prochainement à recommencer en attendant que nous reprenions nos pérégrinations à travers les vingt-quatre salons du premier étage, car nous entendons bien revenir le plus tôt possible à nos premières amours, c'est-à-dire à la peinture.

III

SUITE DE LA SCULPTURE

Nunc pulsanda tellus. — Joseph s'éclipse. — Mlles Croizette et Schneider. — Hurrah pour Mlle Sarah Bernhardt! Le Vercingétorix. — David et Lulli. — L'adroit pêcheur. — Le fidèle ami. — Jean de la Fontaine. — Par qui? le shah de Perse. — La Clef des champs et les Vendangeurs. — Une ceinture de merveilles. — Hersilie et Andromède. — Le groupe de M. Carolus Duran. — La mère et l'enfant. — Notre ami Henry Monnier. — Un chef-d'œuvre d'orfévrerie. — Le fondateur des écoles chrétiennes. — Énée et Didon.

Voyons, voyons, mon cher oncle! nous avons repris des forces en quantité suffisante. Aller au-delà, loin de nous en donner, nous en ferait perdre, et nous en avons encore besoin, car nous ne sommes pas au bout de notre tâche.

— Tu as raison ; en arrivant ici, je pensais à ces vers d'Horace :

> *Nunc est bibendum*
> *Nunc pede libero*
> *Pulsanda tellus.*

(Maintenant il faut boire ! maintenant il faut frapper la terre d'un pied libre !)

Nous avons accompli la première partie de ce programme ; en route pour la seconde !

Du reste, c'est l'avis de Madame Nestor, qui veut bien nous encourager en se montrant satisfaite de la première partie de nos travaux, et en nous engageant à accomplir non moins bien la seconde.

— Allons ! voilà déjà Joseph qui nous a lâchés !

— En entendant le remue-ménage qui se fait là-haut, il a pris le bruit des pas pour la reprise de la fusillade, et il n'a pu tenir en place.

Heureusement, Jules nous reste, et cette fois nous ne le lâcherons pas.

Suivons-le ; il a aperçu, dit-il, quelques bustes de sa connaissance qu'il tient à voir de plus près.

— Tiens ! tiens ! tiens ! il va droit au buste de *M*ⁿᵉ *Croizette*, par CARRIER-BELLEUSE !

L'aspect en est très agréable à distance ; les détails en sont charmants ; mais l'artiste s'est pris à un modèle bien difficile à rendre, dont les traits chiffonnés ont une expression de vitalité et d'intelligence qui exigent mieux que le plâtre et mieux que le marbre. Aussi a-t-il fait un masque grimaçant à force de vouloir rendre deux finesses insaisissables.

Je préfère M. CARRIER-BELLEUSE quand il est entièrement livré à son imagination, et qu'il invente les types délicieux de tant de bustes qui sont entièrement de son cru.

Mais n'abandonnons pas Jules !

Le voici qui tourne sur ses talons, et qui cherche à nous échapper.

— Non ! non ! il s'est arrêté devant un autre buste.

Il n'est pas dégoûté !

C'est le buste de *M*^lle *Schneider*, et celui-là complétement réussi ! M. BARRE a obtenu un joli résultat ! Son buste, en même temps qu'il est d'une ressemblance frappante, laisse entrevoir des beautés parfaites.

— Mon oncle ! mon oncle ! si ce n'est pas par respect pour vos cheveux blancs, prenez garde aux oreilles de Jules, qui ne laissent rien perdre, et passons sans nous arrêter devant ce séduisant petit buste de M. MATHIEU MEUSNIER, car vous n'avez pas besoin que *Cupido* vous décoche de nouveaux traits.

Tenez ! voici un autre buste non moins charmant que les précédents et que j'engage Jules, aussi bien que vous, à contempler.

Lorsque vous saurez que ce buste en marbre, qui porte le numéro 2,672, est de Mlle SARAH BERNHARDT, vous vous rendrez mieux compte du talent exquis que déploie cette femme doublement artiste. C'est, en effet, la même que celle que vous avez applaudie à l'Odéon dans le rôle de Marie de Neubourg, de *Ruy-Blas*, et dernièrement encore, aux Français, dans la femme honnête du *Sphinx*. Ce double talent explique, en effet, comment Mlle Sarah Bernhardt sait si bien restituer aux personnages qu'elle représente leurs types réels et leurs caractères véritables.

— Un triple hurrah pour Mlle Sarah Bernhardt !

—A la bonne heure! vous êtes dans le vrai; et pour vous y entretenir, je veux que vous veniez vous asseoir sur ce banc avec Jules, afin que tous les deux vous contempliez, en vous livrant aux justes réflexions qu'il doit suggérer, ce groupe portant le n° 2,648, et dans lequel M. PAUL AUBÉ a si bien rendu les *Séductions de la Sirène*.

Peut-on voir, en effet, un visage plus attrayant?

Et l'on comprend le charme qui fascine ce beau garçon, et qui le livre sans défense à l'enchanteresse qui va l'entraîner avec elle dans le gouffre!

Mais que ne baisse-t-il les yeux? Il verrait de suite cette queue de poisson qui les dessillerait et qui lui révèlerait le danger auquel il se laisse aller si bénévolement.

— Horace l'avait dit avant toi :

Desinit in piscem, mulier formosa superne.

(Une femme belle dans la partie supérieure de son corps, se termine en poisson.)

— Malgré votre connaissance d'Horace, je crains bien, mon cher oncle, qu'il vous soit arrivé parfois de ne voir, comme ce jeune garçon, que le *mulier formosa*, et de ne pas avoir aperçu à temps le *desinit in piscem*.

Mais, à tout péché miséricorde ! Regardez bien, et n'y revenez plus.

— Ah ! ça ! mon cher neveu, il me semble que c'est le monde renversé, et que ce serait à moi à tenir le langage que tu me tiens !

— Cela est vrai, mon cher oncle ! mais pourquoi ne le tenez-vous pas ?

Mais trêve aux digressions auxquelles nous a entraînés Jules, en folâtrant au milieu des groupes et voltigeant comme un véritable papillon qu'il est, d'un buste à un autre, sans prendre garde qu'il nous détourne du chemin que nous nous étions tracé.

Ainsi, tout à l'heure, il nous avait reconduits auprès du *Narcisse*, à côté duquel se trouve le buste de Mlle Croizette ; puis à l'allée du buffet, où est Mlle Schneider, et enfin au pied de *Brennus*, où se trouve le joli buste ciselé par SARAH BERNHARDT.

Nous reprenons donc notre itinéraire pour ne plus nous en détourner.

Nous repartons du buffet en prenant notre droite.

— Comment avons-nous pu passer, sans nous y arrêter, devant cette image vivante d'*Alexandre Dumas fils*?

— Cela est ma foi vrai ! mais notre excuse est que nous avions grand'faim ; et comme ce buste est placé juste à l'entrée du buffet, nous avons prouvé que ventre affamé n'a pas plus d'yeux que d'oreilles.

— Mais nous pouvons, du moins, prendre actuellement notre revanche, et admirer tout à l'aise cette belle œuvre, c'est du CARPEAUX très réussi, et il n'y a pas autre chose à en dire.

— *Idem*, pour ce buste, également en marbre, de *Mme Sipierre*, par le même artiste.

Nous arrivons auprès d'une des plus belles choses de cette exposition : le *Vercingétorix* de M. AIMÉ MILLET, qui va nous rappeler à des pensées sérieuses, et nous trouver tous d'accord pour le louer.

— C'est la reproduction de la statue exécutée en cuivre repoussé, et qui a été érigée à Alise-Sainte-Reine (Côte-d'Or), sur le champ de bataille où, sous sa conduite, les Gaulois défendirent une dernière fois leur nationalité.

Quelle profonde expression dans cette tête ! on conçoit, en la regardant, combien trop souvent la Victoire est aveugle, et comment M. Mercié a été cent fois dans le vrai, en faisant son *Gloria victis !*

Le *Vercingétorix* de M. Aimé Millet devrait figurer d'un côté du *Gloria victis*, tandis que de l'autre côté serait le *Soldat dans l'attente*, de M. Roubaud.

— J'étais bien sûr que la vue de ces grandes choses vous rappellerait bien vite aux grandes idées, et, d'ailleurs, il n'y a pas que de nobles vaincus.

La Justice prévaut dans ce monde assez pour que le dernier mot de la Victoire soit en faveur des nobles causes, et pour que ses coups portent en fin de compte sur ceux qui ont mérité ses châtiments.

Voyez ce *David*, de M. Mégret! ne voit-on pas qu'il est sûr de son coup, et que la pierre qui est au fond de sa fronde ira frapper droit celui qu'il doit atteindre ?

C'est que l'heure de Goliath était arrivée, l'heure de la vengeance céleste, qui devait mettre un terme à ses iniquités.

C'est ainsi que, bien souvent, on a vu ceux qui passaient pour invincibles, et qui avaient mérité ce titre par d'incroyables succès, défaits à leur tour par ceux dont la faiblesse n'avait provoqué que leurs dédains.

Cette histoire de David et de Goliath s'est reproduite plus d'une fois.

En tous cas, elle est un symbole qui prouve qu'il ne faut jamais désespérer, fût-on, comme l'étaient alors les Hébreux, en lutte avec les innombrables cohortes des Philistins.

Mais nous voici à une autre époque, et de notre jeune héros, dont la nudité nous permet d'admirer la belle structure, nous passons à une ampleur de costume et à des détails compliqués d'habillement.

— En effet, cette figure de Lulli nous rappelle le style des Coustou, des Coysevox, dont évidemment s'est inspiré M. Auguste Schœnewerk, pour faire cette statue, destinée au nouvel Opéra, et qui pourra figurer avec honneur à côté des statues du grand siècle faites à l'époque même.

— Voici une terre cuite qui ne me déplaît pas ! et je trouve qu'un portrait en pied du genre de celui de M. *Marcel Fiorentino*, exécuté par M. Charles Gauthier, est chose fort agréable, quand l'artiste parvient à choisir, comme dans le cas actuel, pour son sujet, une pose bien campée et sans nulle affectation.

— Chut ! ne faisons pas de bruit, et n'effarouchons pas les poissons qui jouent autour de l'hameçon de ce jeune pêcheur. Suit-il bien de l'œil son bouchon, et comme sa main qui tient la ligne, est prête à la relever, tandis que l'autre main, dont les doigts sont ouverts, indique, de même que l'expression de toute la physionomie, l'attente d'un prochain succès ?

M. Emile Aldebert, auteur de cette statue, est bien certainement un pêcheur, et de plus, non moins certainement un habile pêcheur.

— Pour qui diable sont ces armes en bronze ? et quel est le nouveau Persée appelé à dompter Pégase, à délivrer Andromède, à tuer le monstre, et à qui cette armure est-elle destinée ?

En tout cas, c'est joliment exécuté.

— Mais j'aime mieux que ce soit un autre que moi qui coiffe ce casque surmonté du cheval ailé, et qui brandisse cette harpée en se protégeant de ce formidable bouclier.

M. Arthur Soldi a pris mesure sur un fort gaillard !

— Il nous serait difficile de ne pas donner, en cet endroit, un souvenir à notre ancien camarade Auguste Luchet, dont M. Emile Guillemin a su si fidèlement reproduire les traits pensifs dans le beau buste en bronze que nous avons sous les yeux.

— Nous voilà arrivés au bout de cette allée ; rien ne nous arrête pour passer de l'autre côté du jardin.

Nous reviendrons plus tard à la grande allée médiane dont nous n'avons encore rien dit.

— Allons ! je continue à te suivre comme le fils d'Ulysse suivait Mentor, quoique tu ne sois que Nestor.

Mais, voici l'image d'un ami non moins fidèle que le sage Mentor dont je viens de prononcer le nom.

C'est un chien, qui ne veut pas abandonner la place où la glace s'est rompue sous les pas imprudents de son jeune maître.

Ne semble-t-il pas qu'on entende le hurlement plaintif et lamentable qu'il pousse vers le ciel, et que M. Chenillion a si bien rendu par la pose qu'il a donnée au pauvre animal ?

— Mais pourquoi ce magnifique buste en marbre de Jean de la Fontaine n'a-t-il pas de numéro ? Je feuillette inutilement le livret pour en connaître l'auteur. Serait-ce donc un buste de l'époque, tombé là par hasard ? On pourrait le croire à la vigueur de l'exécution et à la fidélité du costume, car il est une chose qui me frappe, et que peut-être vous avez remarquée comme moi, mon cher oncle, c'est qu'on dirait que, lorsque nos sculpteurs abordent les grands hommes qui ont fait le grand siècle, ils semblent qu'ils grandissent eux-mêmes, et que leurs ciseaux, ou bien leurs pinceaux, se ressentent de l'ampleur qui dominait alors, et des qualités qui animaient leurs modèles.

— Quel malheur que Joseph ne soit pas avec nous !

Voilà, en effet, son affaire !

Ne dirait-on pas, en voyant cet officier en éclaireur, et le clairon qui l'accompagne, des personnages descendus d'un tableau de Protais ? Comme il sonde du regard les profondeurs de l'espace, et comme le clairon qui ne perd pas un des mouvements de son chef, est prêt à emboucher la trompette au moindre signal !

Ce groupe, des plus remarquables, est dû à M. Jules Gellé.

— Mais, ma foi ! oui ! c'est bien lui ! le shah de Perse ! je le reconnais parfaitement.

C'est Sa Majesté Nasser-ed-Din, et je ne pense pas qu'on puisse lui faire, dans tout son royaume de Perse, un buste aussi réussi que celui que vient de lui consacrer, en bronze argenté, M. Gustave Crauk.

— Je suis de ton avis ; M. Crauk est un sculpteur de haute volée. N'ayant plus de monarque indigène à prendre pour modèle, par ce temps de république, il a saisi au passage Nasser-Ed-Din, et il a complété son exposition par le buste du maréchal de Mac Mahon et par la statue en pied du maréchal Niel.

— En effet, M. Crauk est dans les honneurs ; il ne se contente pas du *vulgum pecus*.

— A moi le pompon pour découvrir les sujets aimables et agréables ! Quelle délicieuse chose que cette statue de M. Jean Gautherin, à laquelle il a très justement donné le nom de la *Clef des champs* !

C'est une jeune femme qui donne la liberté à de pauvres oiseaux captifs.

Est-ce gai et élégant ?

— Oui, ma foi ! joli style, et modelage de première qualité !

Inclinons-nous, en passant, devant les

vendangeurs de M. Sobre, déjà signalés par vous dans vos observations relatives à *Brennus.*

Le groupe qui porte ce nom se compose d'un solide gaillard coiffé de pampre, qui porte allègrement sur son épaule un panier rempli de raisin, tandis qu'un enfant cherche à grimper après lui en exprimant par sa physionomie son désir de mordre en pleine grappe.

Mais ici finit notre voyage de circumvallation. Il nous reste à pénétrer dans la mer méditerranéenne qui s'étend au milieu du Palais, entre les pelouses et les parterres.

Retournons au pied de la statue de *Brennus,* qui occupe le point central de cette mer, et de là nous la parcourrons en entrant dans tous ses golfes : d'abord à l'ouest, puis ensuite à l'est.

Tout autour de *Brennus,* se dresse une ceinture de petites merveilles. Ce sont toutes statuettes ou petits bustes pouvant figurer dans nos maisons à cinq étages, et orner nos salons sans les rapetisser par leurs proportions gigantesques.

C'est *Agar et Ismaël,* de M. Eugène de la Planche, charmant groupe en marbre, d'une netteté et d'une expression qui ne laisse rien à désirer; l'enfant a une pose ravissante. On lit sur sa physionomie rêveuse l'intelligence créatrice qui fonda une riche colonie dans le sud de la Palestine et devint le père toujours vénéré des Arabes.

Puis ensuite, l'*Amour blessé,* de Carpeaux, l'Amour ayant les yeux pleins de larmes, ce qui arrive plus souvent à ses victimes qu'à lui-même.

Puis vient le *Baiser de paix*, de M. Marcelin, très belle statuette religieuse, représentant la Sainte-Vierge et l'Enfant Jésus, qui envoie au Monde ce baiser de paix. Pourquoi ce baiser a-t-il été si peu compris et si peu imité ?

De l'autre côté de la statue d'*Agar*, se trouve le joli buste de jeune femme, dû à Mlle Sarah Bernhardt, et dont nous parlions tout à l'heure.

Puis ensuite, l'*Adieu*, de Le Cointe, jeune femme en bronze, à demi nue, qui, par le baiser qu'elle envoie, indique dans quelles conditions elle dit adieu à celui qui la quitte.

— L'heureux gredin !

— Pourquoi gredin ? Ne peut-il être son époux ? Il faut toujours que votre nature déréglée prête à tout ce qui vous entoure des pensées du genre de celles qu'enfante votre cervelle un peu détraquée.

— Tu ne peux pas pourtant me reprocher de parler souvent. Depuis une demi-heure, je te suis comme si tu étais mon cornac, et cependant, je réclame ma part de la besogne démonstrative.

— Justement, le sujet vous convient ! vous tombez à pic sur un rapt, sur l'*Enlèvement d'Hersilie*, de M. Louis Grégoire.

— Sais-tu seulement ce qu'était Hersilie ?

— Ma foi ! non.

— Eh bien ! sache qu'Hersilie était la fille de Titius, roi des Sabins, et celui à qui tu semblais me comparer, n'est rien autre que Romulus.

Après cela, tu as peut-être raison ; qui me dit qu'au temps de cette aventure, je n'ai pas été Romulus ?

Il me semble, par moment, que j'ai dans les veines du sang romain.

Il me semble que j'ai tété la mamelle d'une louve !

Est-ce qu'il ne t'arrive point parfois d'avoir des souvenirs vagues d'une existence antérieure ?

Est-ce que, lorsque tu lis ou lorsqu'on te raconte un fait qui tu es censé ignorer, tu ne te prends pas à te dire : « Moi, je connais ça ! j'y étais ! »

Eh bien ! je suis, en ce moment, sous une de ces impressions.

Oui, ma foi ! j'étais à l'enlèvement des Sabines, et c'est moi qui ai enlevé Hersilie !

— Calmez-vous, mon oncle ; et, pour cela, contemplez ce buste de la *Candeur*, de M. Emile Allouard ; vous ne voudrez pas, en présence de cette douce image, continuer vos discours, dont la couleur historique ne saurait atténuer le caractère licencieux.

— Voulais-tu donc que Rome périt dès sa première génération, faute d'héritiers ?

Il y a des cas de force majeure où la morale doit fléchir devant des nécessités aussi impérieuses que celles-là !

— L'histoire — qui l'ignore ? — a eu des moments sur lesquels il faut savoir jeter un voile.

Tenez ! regardez cet autre groupe que

M. Grégoire a envoyé comme pendant à l'enlèvement d'Hersilie. C'est Andromède et Persée qui vient de la délivrer. Persée a-t-il songé à abuser de la circonstance, pour entraîner dans la mauvaise voie celle qu'il venait de libérer ainsi ?

Nullement.

Je vois que vos souvenirs ne vous rappellent pas que vous ayez joué le noble rôle de Persée, comme ils vous rappelaient tout à l'heure celui du ravisseur d'Hersilie.

— Monsieur mon neveu, n'oubliez pas mes cheveux blancs, qui doivent vous inspirer respect, et ne me noircissez pas comme ce laid mauricaud que nous avons sous les yeux.

— Un laid mauricaud ? Excusez !

Carolus Duran, le grand Carolus Duran consentira à descendre du premier étage et à abandonner sa grande peinture pour apporter ici une ébauche d'un si grand caractère, et il sera traité de la sorte !

— Voyons, approchons ; et puisqu'il s'agit d'un tel homme, regardons-y de plus près.

C'est, ma foi, bien un bronze, et un bronze dont l'intérieur est creux, à l'effet de mettre dans les yeux du personnage, en place de prunelles, deux trous ronds et béants, d'où l'on voit, sans se rendre compte tout d'abord de la sensation que l'on éprouve, le noir sombre et terne de l'intérieur de cette cavité encéphalique.

Je me demande si l'auteur de cette singulière sculpture n'avait pas songé, en pratiquant cette disposition, à placer dans les yeux de son sujet deux jets électriques !

Ne vous souvient-il pas d'avoir entendu parler de ces revenants dont la tête était formée d'une citrouille vidée et percée de deux yeux à travers lesquels flamboyaient les lueurs d'un lampion?

J'en suis fâché pour M. Carolus Duran, mais l'originalité de sa tentative m'a remis en mémoire ce souvenir.

— Mon oncle, c'est un grand artiste, ou, du moins, un artiste qui se promet de devenir grand.

— Raison de plus pour lui dire ses vérités, et pour l'arrêter dans la voie que je considère comme fâcheuse, dans laquelle de tels essais sembleraient le montrer disposé à entrer.

Un artiste doit-il chercher à captiver le public par de pareilles excentricités? Pourquoi sortir de la ligne du beau, et choisir pour sujet un mauvais type juif, à l'air farouche?

— Mais il y a dans cette tête beaucoup de caractère.

— Sans doute, beaucoup de caractère; mais dans le vilain! Un caractère consistant dans un effet de perruque outré, et dans le choix d'un type commun.

Ecoute cette opinion formulée par un passant: C'est beau, mais c'est bien laid!

Encore, s'il n'avait pas cherché à rendre ce type plus affreux et plus épouvantable, en donnant sur le nez un coup de pouce, de façon à le mettre de travers.

M. Carolus Duran peut se vanter d'avoir donné le jour à un méchant et laid personnage.

— Vous êtes sévère ; mais je pense, connaissant vos goûts comme je les connais, que votre sévérité pour CAROLUS DURAN s'émoussera devant certaine exhibition féminine qu'il vous montrera là-haut.

— Crois-tu donc que je me paie d'apparences, comme ton neveu Jules, qui ne connaît encore rien ?

Quant à moi, pour me dérider et pour m'adoucir, il me faut de la véritable beauté.

— Tenez ! voilà ce qu'il vous faudrait ! c'est l'air réfléchi et plein de grandes idées que figure ce beau buste de *Cabet*, d'EMILE HÉBERT.

— Tu t'imagines, je le vois, avoir devant toi le buste d'Étienne Cabet, le réformateur, le père de l'Icarie. Eh bien ! tu te trompes ! Consulte le livret, et il t'apprendra que le buste qui porte le nº 2934, celui-là même, est le buste de M. *Cabet, statuaire.*

— Je n'ai point parlé de ses qualités, je ne vous ai proposé comme modèle que son air réfléchi et animé de pensées sérieuses.

— Nous voici de nouveau en face du beau *Narcisse*, je suis tout à fait de ton avis ; c'est une beauté négative et qui ne dit rien.

— Etait-ce donc une tendance qui était dans l'air ? ne trouvez-vous pas comme moi que l'on peut faire, au sujet du *Benjamin* de M. DELORME, les mêmes observations que celles que nous a suggérées la statue de M. PAUL DUBOIS.

— Ma foi, oui ! Ce jeune *Benjamin* n'accuse aucun sexe dans son aspect général. On ne saurait nier que ce marbre a des qualités ;

mais ce sont des qualités sans caractère, et dont la traduction n'était pas de nature à surexciter l'artiste, à l'enflammer.

— Tenez! on apprécie bien la justesse de ce que vous venez de dire, lorsqu'on porte ses regards du *Benjamin* sur cette statue de M. Étienne-Frédéric Leroux, qui représente *Une jeune mère jouant avec son enfant.* Est-ce vivant et animé! On ne songe plus au marbre! Il semble qu'on voie l'enfant se reculer, à mesure qu'approchent les doigts de la mère, qui en leur donnant le mouvement d'un animal en marche, et en les faisant avancer sur son petit genou, doit évidemment dire : *la bébête! la bébête!*

L'enfant ne sait pas s'il doit rire ou avoir peur ; il croit se garantir en se cachant la tête derrière son coude. Quelle pose charmante que celle des deux personnages, et, en résumé, quel délicieux groupe! L'expression de la mère est adorable.

— Oh! mais! voici quelqu'un de ma connaissance! c'est mon ami Henry Monnier. Jamais M. Prudhomme n'a été mieux rendu, et grâce à M. Hippolyte Moulin, qui l'a fait couler en bronze, les traits de l'illustre auteur de : *Ce sabre sera le plus beau jour de ma vie* ne seront pas perdus pour la postérité.

— Ceci nous représente la *Musique et la Poésie* sous la forme d'un vase en argent et fer repoussés. M. Morel-Ladeuil, auteur de ce bel objet d'art, y a fait preuve d'un incontestable talent, et ses figures en ronde bosse méritent d'être louées sans restriction.

— Voici à côté un autre objet qui a besoin d'être examiné avec non moins d'attention. C'est le modèle du monument en cours d'exécution, élevé à Rouen à la mémoire du vénérable *J.-B. de la Salle*, fondateur des écoles chrétiennes. Le groupe qui surmonte ce monument et les figures d'enfants qui l'accompagnent sont de M. Falguière.

— Nous voilà revenus tout à côté de l'objet de mes prédilections ; je veux parler des quatre gais compagnons de notre ami Le Bourg. Allons leur donner encore un amical bonjour ! d'autant plus que je me souviens que nous n'avons pas pris garde à un autre petit groupe, qui se trouve non loin de celui-là.

Ce groupe est composé de *Didon* et *Enée*.

— Eh bien ! nous aurions certainement fait une omission regrettable, si nous n'étions pas revenus de ce côté, et si nous n'avions pas mentionné cette jolie composition due à M. Jean-Baptiste Germain.

Maintenant, reprenons notre chemin dans la direction de *Brennus*.

IV

SUITE DE LA SCULPTURE

Un critique anonyme. — Le fond du jardin, un lézard traqué. — *Væ victoribus!* — Ménade occupant un lion. — Monument à Berryer. — Le Faune à la grappe. — Le Joueur de tambour. — Un drame dans un groupe. — Le retour du marché. — Le Flûtiste. — Bellérophon et Pépin le Bref. — Une Rêverie d'enfant. — La sculpture polychrôme. — Le baigneur et la grenouille. — Suleyman pacha. — A la mémoire des enfants de Cambrai — Deux victoires. — Le Messager d'amour. — Jules est parti! — Le prince des Asturies. — Prêtresse d'Éleusis. — Pressons nos pas! — Revue rapide. — On nous attend pour clore les portes. — Un souvenir d'Horace.

— Il nous reste donc, pour terminer ce compte-rendu, fait au pas de course, de l'exposition de sculpture, à descendre, en nous dirigeant de l'ouest à l'est, toute la grande allée qui occupe le milieu des plates-bandes.

— Je ne suis pas fâché que nous soyons arrivés à notre dernière étape, car, je te l'avouerai, je trouve que nous avons entrepris une forte besogne, et d'autres le trouvent aussi ; car il faut que tu le saches, — le directeur du *National* n'a pas voulu te trop chagriner en t'apprenant lui-même cette nouvelle qu'il m'a chargé de te communiquer avec tous les ménagements nécessaires. Il a reçu, — ce matin même, — une lettre où on lui dit qu'on espère bien que M. Nestor Paturot va chercher une autre position sociale que celle de critique.

Tiens, voici, c'est plus simple ; regarde cette lettre, comme on nous y arrange :

Ah ! sapristi ! mais il est embêtant comme le mois de mai de la présente année...
Quelle satanée méthode ; Timante père, Timante fils et Julie. Oh ! la la !

— Et la signature ?
— La signature.... Quoi ! tu t'imagines ?... il n'y en a pas... Ah ! si fait ! il y a : Un acheteur de la gare Saint-Lazare.

— Quand on a une opinion aussi formelle et qui, du reste, n'a rien que de très naturelle, je ne comprends pas qu'on craigne de se faire connaître.

Cet acheteur de la gare Saint-Lazare préfère l'ancienne méthode, celle qui voulait que la description du salon fût faite suivant certaines règles et d'après, certaines prescriptions n'autorisant pas le mélange des genres.

Après tout, cet acheteur n'a pas été pris en traître. N'ai-je pas prévenu, en me présentant au directeur du *National*, en compagnie de toute la famille Paturot et même de Rose, notre bonne grosse cuisinière, que je n'étais qu'un simple bourgeois voulant ren-

dre bourgeoisement les impressions que
ressentent les bourgeois de notre espèce,
qui comptent bien pour quelque chose, on
peut le croire, parmi les lecteurs du *National*, et dont ne fait pas partie, paraît-il, l'acheteur de la gare Saint-Lazare.

— Cela est bien certain ; en tout cas, il ne
paraît pas avoir le caractère fait comme le nôtre, ni entendre la plaisanterie comme nous
l'entendons. J'en suis fâché pour lui.

Assez sur ce sujet. Fais comme moi, assieds-toi, à mes côtés, sur un de ces bancs
que la Direction des Beaux-Arts a eu la
louable pensée de mettre en assez grand
nombre à la disposition des visiteurs. D'ici,
nous voyons tout ce que renferme ce côté,
et nous pouvons le passer en revue.

Au fond, le *Discobole*, le symbole de la
Victoire des Péruviens sur les Espagnols, et
le *Mausolée* de Mme ***, déjà décrits ; puis
le monument à la mémoire du vénérable
J.-B de la Salle, et le vase consacré à la *Musique* et à la *Poésie*.

Continue cette revue générale, toi qui as
de meilleurs yeux que moi.

— Il faut, en effet, de bons yeux pour
guetter attentivement, comme le fait cet
enfant couché sur la roche, le lézard qui est
au fond de son trou, et qui se prépare à en
sortir, afin de s'étendre comme lui au soleil,
et d'y étaler ses vertèbres, de même que
le fait l'enfant qui semble se prélasser dans
cette position, très habilement rendue par
M. Félix Bouré.

Mme Léon Bertaux mérite également d'être mentionnée pour son *Jeune Prisonnier enchaîné*, statue en bronze, auquel elle a donné ce titre : *Væ victoribus !* titre complétement justifié par l'attitude et l'expression farouche, pleine d'une énergie contenue du personnage.

— Vous n'avez pas pris garde, mon oncle, à cette statue de *Ménade*, puisque vous n'en avez pas parlé quand vous passiez en revue devant Brennus toutes les statues figurant dans cette exposition, et tirant leur inspiration du produit de la vigne importée par lui.

Le cas vaut cependant la peine d'être signalé. M. JEAN VALETTE a représenté sa *Ménade* assise sur un lion qu'elle dompte à l'aide d'une grappe de raisin qu'il cherche à saisir, comme un petit chien fait pour s'emparer du morceau de sucre qu'on lui présente.

— C'est ma foi vrai ; mais où diable M. VALETTE est-il allé trouver une *Ménade* aussi *calme* ? *Ménade*, pour moi, c'est une bacchante qui se livre à des transports furieux, comme l'indique son nom grec, μαιναδος du verbe μαινεσθαι (être en fureur). Ce n'est point là ma *Ménade !* J'aime mieux la *Bourguignonne*, de FALCONNIER.

— Vous avez bonne mémoire, et vous n'oubliez pas vos amis, et il paraît que la *Bourguignonne* est du nombre.

— Tu ne l'as donc pas admirée ? Je te plains !

— Remettons-nous en route et arrêtons-nous devant cette énorme statue en bronze, d'un de nos grands orateurs, de *Berryer*.

— A quoi bon nous approcher; ne voit-on pas d'ici assez bien cette statue destinée à être érigée sur une grande place publique, à Marseille , probablement à la Canebière! Le personnage paraît trop grand, de même que la dimension des traits leur enlève de la ressemblance. Evidemment , l'effet en sera tout différent à Marseille. M. BARRE, qui s'y entend, s'est arrangé pour cela.

— Le *Sommeil* est bien représenté par ce groupe, composé d'une femme tellement endormie qu'elle ne prend plus garde à l'enfant qui est étendu sur ses genoux, et qui lui-même dort d'un profond sommeil.

— Je me demande comment on peut consacrer à un pareil sujet un aussi beau morceau de marbre, et comment un artiste de la valeur de M. MATHURIN MOREAU, a pu se décider à passer tout le temps nécessaire à cette œuvre très importante, sans s'inquiéter davantage de l'intérêt qu'elle produirait.

— A moins que ce groupe ne soit destiné à un mausolée quelconque?

— Mais voici quelque chose de plus gai : *Le Faune à la grappe*, déjà cité par moi, et dont M. LANGE GUGLIELMO a su tirer une gaie et vivante statue.

Regarde donc encore ! Quel joli torse et quel mouvement naturel dans la pose du *Joueur de tambour*, de M. JANNIN !

— En fait de pose, j'admire celle de l'*Amphion*, de M. LAOUST. Non-seulement il est bien posé, mais il est aussi bien inspiré.

Avant de quitter ce côté ouest du palais, jetons un dernier regard.

Mme Hortense Hazard est certes digne d'une menticn pour le sentiment qui existe dans son groupe de l'*Abandonnée*.

Quelle mélancolie dans la pose et dans l'expression de cette jeune femme, à côté de laquelle, plein de la joie et de l'insouciance de son âge, un petit garçon donne la becquée à de petits oiseaux, sans se douter que sa mère n'a peut-être pas le moyen d'en faire autant pour lui.

La petite fille qui se trouve de l'autre côté de la pauvre abandonnée cherche à faire sourire sa mère et à la tirer des sombres réflexions qui lui assombrissent la figure.

Ce groupe renferme tout un drame.

— Pour ne pas me laisser attrister par ce spectacle qui pousse aux idées sombres et à la mélancolie, j'aime bien mieux porter mes regards sur le *Moineau de Lesbie*, dont je voudrais occuper la place.

— Rien que cela... sur l'épaule de Lesbie !

— Oui, cela m'irait ! Son existence n'est-elle pas agréable ? écoute Catulle :

Il ne la quittait jamais, et, sautillant autour d'elle, tantôt ci, tantôt là, il la charmait par son gazouillement continu.

J'allais oublier certaine *fantaisie* que je contemplais tout à l'heure quand nous étions assis, et sur laquelle ta verbosité m'a empêché de placer le mot que j'avais à la bouche.

Cette fantaisie n'est rien autre chose qu'une délicieuse *tête de jeune femme* de M. Angelo Francia.

Et puis, de cet endroit aussi, j'ai revu deux figures dont je m'étonne de ne pas avoir retrouvé la mention dans la première partie de notre compte-rendu, car je les avais notées, et il faut qu'un feuillet de la copie se soit égaré à l'imprimerie. L'une de ces deux figures est tout à fait dans le goût du *Vigneron du Jura.*

— Je suis sûr que vous voulez parler du *Retour du marché,* c'est-à-dire d'une bonne figure d'ouvrier qui rapporte, dans ses bras, en le contemplant amoureusement, un petit cochon qu'il vient d'acheter, tandis que le chien qui l'accompagne jappe et remue la queue, en montrant, par ce manége, qu'il compte bien faire la partie avec le nouveau venu, en attendant qu'il se régale de quelque portion de sa dépouille.

— Précisément !

— Eh bien ! vous ne vous êtes pas trompé ! Le *Retour du marché* est de la même touche que le *Vigneron du Jura,* puisque ces deux morceaux ont un père commun, M. Max Claudet.

A côté de lui se trouve le *Flûtiste,* de M. Désiré Ringel, svelte dans sa désinvolture, élégant et pittoresque dans son accoutrement moyen-âge.

Nous allons maintenant, mon cher oncle, si vous le voulez bien, passer de l'autre côté de Brennus, et terminer le rapide examen de cette remarquable exposition de sculpture en parcourant l'espace qui, de Brennus, va nous conduire à la porte de sortie.

— Mais, avant de nous éloigner, il me

semble que voici deux groupes en bronze et de moyenne taille qui méritent bien que nous nous y arrêtions un instant.

— Vous avez raison. L'un de ces deux groupes est le *Bellérophon vainqueur de la Chimère*, par M. EMILE HÉBERT ; le cheval ailé semble prêt à reprendre son vol en piaffant en l'honneur du héros, qui montre la dépouille de sa victime qui ressemble fort à une pieuvre hideuse.

M. EMILE HÉBERT a fait là une énergique composition.

En pendant du *Bellérophon* se trouve placé un *Pépin le Bref dans l'arène*, de M. JULES BONHEUR.

C'est un groupe habilement fait, mais où l'acteur principal a une physionomie dont l'impassibilité est réellement exagérée, en présence du danger qu'il court ; de même que l'attitude de son corps et la placidité de ses muscles n'indiquent nullement la dépense de forces qu'il doit faire pour éloigner de lui la tête du lion qu'il tient d'une main par la crinière, tandis que, de l'autre main, il avance, sans se presser, le glaive dont il va le frapper.

— En effet, il tient la tête de cet animal féroce prêt à le dévorer comme si c'était celle d'un simple petit chien.

— Mentionnons encore, puisque nous parlons des bronzes, la *Chasse au faucon*, de JULES MÈNE, et le *Nid de faisans*, de M. NICOLAS CAIN.

Ces quatre groupes se trouvent du côté de l'entrée.

Reprenons maintenant notre itinéraire.

Dans la ligne médiane, nous voyons tout d'abord devant nous, une *Rêverie d'enfant*, statue en marbre par CHABRIÉ. Le petit personnage est nu et renversé dans une chaise romaine, sur le bord de laquelle une de ses jambes est relevée. Cette position, qui serait disgracieuse pour tout autre qu'un enfant, sied au contraire à merveille à celui-ci. M. CHABRIÉ a su tirer de ce sujet bien simple une très jolie chose, dont tous les détails sont charmants, y compris le bébé romain qui pourra servir de modèle aux fabricants de poupées pour les prochaines étrennes.

Derrière cet enfant, voici une Bayadère, ou pour mieux dire une *Prêtresse d'Isis jouant de la harpe*.

M. CORDIER a tiré un excellent parti du bronze émaillé, en mêlant habilement l'or, l'argent, le bronze florentin et les émaux aux riches couleurs. Sa statue est en même temps très élégante de forme, très originale de composition, et très riche d'effet. Elle attire, du reste, les regards de tous les visiteurs.

— Et bien ! pour moi, tout l'éclat de cette belle statue n'éclipse en rien celle-ci, que je suis déjà venu admirer deux fois depuis que nous sommes ici. M. CHARLES GRIMBEL DU BOIS lui a donné ce simple titre : *Au bord de l'eau*. C'est un jeune baigneur étendu sur l'herbe, il joue avec une grenouille qui voudrait bien prendre son élan, afin de lui échapper, mais qu'il retient par une de ses pattes de derrière. C'est simple, mais gracieux et récréatif. Le modelé est parfait et la pose naturelle.

— Et ce jeune garçon bien découplé qui montre à son chien l'oiseau qu'il vient de prendre, ne mérite-t-il pas aussi une mention honorable pour M. Adolphe Lacour, qui, en le modelant, lui a donné pour nom : la *Capture* ?

— Il me semble que le côté Est est mieux garni que le côté Ouest. Après la *Grenouille* et la *Capture*, en effet, nous voici en présence d'un superbe *Suleyman-Pacha, major général de l'armée égyptienne sous Ibrahim-Pacha.* Cette statue, de M. Jacquemart, est destinée à la décoration d'une place au Caire.

— La capitale de l'Égypte a plus de chance que Marseille ! Ce grand *Suleyman pacha* produit, du moins ici, un bien autre effet que notre grand Berryer.

— Cela tient au costume ; ces larges culottes terminées par des bottes molles, l'ample ceinture qui les accompagne, la veste brodée, étoffent bien mieux le personnage que l'habit boutonné et le pantalon étriqué de l'illustre orateur.

— La *Parade*, de M. Perrault, mérite en passant des éloges pour la bonne pose de l'athlète, de même que le *Mercure*, de M. Ludovic Durand ; c'est un *Mercure* au repos qui calcule sur ses doigts tous les kilomètres qu'il a parcourus.

— Ne vois-tu pas qu'il invente les mathématiques ?

Mais lève donc les yeux, et remarque ce

génie planant dans les airs, se penchant en avant et allongeant la tête comme pour reconnaître les siens, auxquels il veut décerner les couronnes qu'ils ont si bien méritées. Cette figure allégorique est destinée à un monument que la ville de Cambrai fait ériger à la *mémoire de ses enfants morts pour la patrie*. M. Hiolle a su faire une œuvre tout à fait originale, pleine d'inspiration et de mouvement.

— C'est en effet très beau, et surtout nouveau comme disposition.

L'artiste n'a pas, comme la plupart de ses confrères, érigé une figure se dressant dans les airs, posée sur la pointe des pieds, et tenant dans ses mains élevées au-dessus de sa tête des palmes et des couronnes, Le *Génie*, de M. Hiolle, replié sur lui-même, semble vouloir descendre de son piédestal pour poser sur les têtes à qui elles sont destinées, les couronnes qu'il porte dans ses mains.

Quelle est maintenant cette *Victoire* ? Ne l'avons-nous pas déjà rencontrée sur notre chemin ?

— Non ! à l'autre extrémité de l'Exposition nous avons vu la *Victoire* que M. Cugnot a modelée pour le Pérou ; celle-ci, due au ciseau de M. Leroux, est destinée au Brésil, à la ville de *Bahia*.

— Ah ça ! tous ces gaillards-là ne nous considèrent donc pas comme définitivement brouillés avec la Victoire, puisqu'ils s'adressent à nous pour en obtenir l'effigie ?

— Eh ! eh ! elle a été si souvent de notre

côté, que nous avons appris à la connaître, et que l'on pense qu'elle ne nous boudera pas toujours.

— Mais l'heure presse et la place nous manque.

Dépêchons-nous de regarder à droite et à gauche ce qui complète ce côté si bien garni.

Voici d'abord le *Messager d'amour*, délicieuse statue en marbre, de M. Eugène Delaplanche.

— Celle-là, il n'y a pas à s'y tromper; c'est bien une figure de femme, et de femme très complète ! Elle est digne de recevoir ce message, dont je voudrais bien être l'auteur ou au moins le porteur.

— J'étais étonné de votre longue sagesse ! Mais enfin, il faut bien que jeunesse se passe, et j'avoue que le modèle qui vous enflamme en vaut la peine.

Nous pouvons parler sans danger. Jules n'a pu longtemps se contenter de la froideur du marbre, qui satisfait insuffisamment ses ardeurs de coloriste; il est retourné à la peinture.

— Est-elle gracieuse de formes et ravissante d'expression ! Ne semble-t-il pas que son sein se soulève, en écoutant ce que la colombe qu'elle tient à la main lui conte à l'oreille ? Toutefois, il semble qu'un léger sentiment d'incrédulité lui traverse le cerveau.

Mais quel est ce jeune prince, à l'air majestueux et royal, malgré les dix-sept ans accusés par la statue élégante que lui a consacré M. Oliva ?

— Comment ne serait-il pas majestueux et royal? N'est-ce pas le descendant d'une de ces races privilégiées, auxquelles il est bien dû qu'elles conservent le type de la majesté et de la distinction? Cette statue est le portrait de Son Altesse Royale don Alphonse-François-d'Assise-Fernand-Pie-Jean-Marie-Grégoire, prince des Asturies, né le 28 novembre 1857.

— Tu te moques de moi, parce que j'ai parlé de la majesté et de la distinction de ce personnage, qui, après tout, n'est que le fils d'Isabelle II, et le petit-fils de Marie-Christine.

Bah! n'entrons pas, au dernier moment, sur le terrain de la politique. J'aime bien mieux me reposer un moment, en m'asseyant devant cette prêtresse d'Eleusis qui entretient de son souffle le feu sacré.

Mais le livret m'apprend que c'est encore un œuvre d'Auguste Le Bourg. Décidément notre ami a voulu se montrer sous toutes les formes, et prouver que son talent pouvait s'astreindre à toutes les dimensions : entre les quatre amis de la joie et ce gigantesque lanceur de disque, la *Prêtresse d'Eleusis*, statue en marbre de grandeur naturelle, complète la gamme.

Elle tient le bras élevé afin d'approcher de ses lèvres, transformées en soufflet, l'espèce d'encensoir contenant le feu sacré.

Cette pose imprime à son corps un mouvement quelque peu contourné qui en fait ressortir toutes les beautés et qui se produit sans effort; les mains, particulièrement, sont admirables.

— Pressons nos pas, pressons nos pas ! Le sifflet des gardiens vient de résonner ; c'est le signal du départ, et nous n'avons plus qu'à nous diriger vers la sortie.

Notons cependant encore au passage, la *Mignon* de M. PIÉTRO CALVI, très jolie statue, bien posée, mais dont la tête paraît insuffisante, après les souvenirs que nous a laissé le type céleste, dû au pinceau d'ARY SCHEFFER.

Le *Jeune Faune se découvrant des cornes*, de M. ARMAND BARRÉ.

Le buste à mi-corps, en terre cuite, représentant *Madame la baronne de M****, et si spirituellement modelé par M. EDOUARD MILLET DE MARCILLY.

Une Esclave pendant la vente, statue en marbre d'un grand caractère, de M. LÉON PILET.

Un buste, de M. ADRIEN GAUDY, non moins spirituel et non moins vivant que celui de M. Millet.

Le *Maudit*, grande statue en marbre, au torse très travaillé, par M. ERNEST CHRÉTIEN.

Le *Rétiaire* qui va jeter son filet, par M. PAUL NOEL.

— Voilà, par le même artiste, un buste en bronze de M. B., qui me fait furieusement l'effet d'être celui d'un aimable commissaire priseur, connu pour manier aussi bien le pinceau d'aquarelliste que le marteau professionnel.

Mais pourquoi M. NOEL lui a-t-il ainsi enlevé les épaules ? veut-il donc le faire entrer dans une gaîne pour en faire un dieu

Terme : le dieu Terme de l'hôtel Drouot !
ou encore le dieu Terme d'un gai repas, car
la tête du sujet, du reste très spirituellement rendue, représente assez, d'après
l'aspect général de l'œuvre, le bouchon d'u-
ne carafe, ou mieux d'une bouteille de cham-
pagne.

— Mais pour les amateurs de bustes, en
voici un qui ne manque ni d'épaules ni d'é-
paulettes ; c'est le *buste de M. le duc d'Aumale*, qui porte la date de 1848, et qui conséquemment n'avait pu être exposé en France
depuis cette époque. L'auteur de ce buste
est M. Nicolas-Victor Vilain.

— Voilà un buste qui prouve bien que le
sang royal n'est pas d'une autre composition
que le sang des autres humains, et qu'un
duc vieillit tout aussi vite que le plus simple
des mortels !

— Ce buste, qui a, en effet, l'avantage sur
celui qu'il représente de ne pas vieillir, était
d'une ressemblance frappante.

— Mais tu oublies, dans cette nomenclature, une petite merveille que j'ai découverte par ici, et que nous ne pouvons nous
dispenser de mentionner.

C'est un *Dieu Terme* comme on voudrait
bien en rencontrer parfois, quand on se promène dans les bois, surtout si on avait un
talisman ayant la puissance de les faire sortir de leur gaîne.

Le *Terme* en question, en effet, n'est rien
autre qu'une charmante *Rieuse*, riant à gorge
déployée, on peut le dire, car elle n'a que
cela avec la tête ; mais quelle gorge !

— Hum ! hum !

— Et quel rire argentin et communicatif doit sortir de ces lèvres si malicieusement relevées et au travers de ces dents si perlées et si blanches !

On ne se lasserait pas de contempler cette gracieuse et gaie figure, au nez retroussé et respirant à pleines narines, aux regards pleins de vie, d'expression et de sensualité...

— Mon oncle, il faut que je vous arrache encore une fois à vos inspirations, car elles prennent toujours une singulière direction. Et puis, vous le voyez, nous sommes les derniers, et l'on nous attend pour clore les portes.

Inclinons-nous, en sortant, devant cet immense *Prométhée* de M. GUILBERT, et inspirons-nous de sa légende.

Prométhée doit être pour nous, en même temps, l'image de la résignation et l'espoir de jours meilleurs. N'oublions pas qu'il a été délivré par Hercule, ainsi que nous le montre là haut, dans le salon de peinture, le beau tableau de M. Ranvier.

— Tout cela est bel et bon ; mais il y a un quart-d'heure pour tout. Je veux bien être résigné comme Prométhée, en attendant qu'un nouvel Hercule vienne à notre aide.

Mais cela n'empêche pas d'égayer les heures de l'attente ; et pour cela, j'ai jeté, en passant devant elle, mon dernier regard, que je lui avais réservé, à la *Jeune Bourguignonne*, qui se trouve près de la sortie, et que je m'étais ménagé pour la bonne bouche. Cette *Jeune Bourguignonne*, entièrement décolletée, répand autour d'elle la bonne humeur et les riantes idées, et comme l'a dit Horace, mettons les bons moments à profit :

Pallida Mors æquo pulsat pede pauperum tabernas
Regumque turres, o beate Sesti !
Vitæ summa brevis spem nos vetat
Inchoare longam.
Jàm te premet nox, fabulæque manes,
Et domus exilis Plutonia, quo simul mearis,
Non regna vini sortiêre talis.

Ce que je pourrais développer en ces vers :

Sestius, sans trêve, ni choix,
La pâle Mort met en ruines
Les tours construites par les rois,
Comme les plus pauvres chaumines.

La vie est si prompte à passer,
Avec ses plaisirs, ses souffrances,
Qu'elle interdit de commencer
Le cours des longues espérances.

Bientôt la nuit prend son essor !
Chez Pluton, séjour redoutable,
On ne peut plus tirer au sort
Le gai royaume de la table !

— Vous ne pouviez pas, mon cher oncle, mieux clore la série de vos observations, et surtout prendre un meilleur modèle pour les traduire.

V

LES TABLEAUX MILITAIRES

Une lettre de Joseph Paturot.— Un Masséna en chambre.
— Plus de légendes! — Le *poncif* dans les batailles.—
M. Detaille. — Le 6 août 1870. — M. A. de Neuville. —
Combat sur une voie ferrée. — M. Protais. — L'Alerte.
— Metz. — M. Castellani. — Un épisode de la bataille
de Sedan. — M. Dupray. — Visite aux avant-postes.—
Scènes militaires par MM. du Paty, Arus, Delrieux,
Brown, Walker, Émile Bayard. — Un *Gloria victis!* en
peinture. — Les Zouaves pontificaux. — MM. Sergent,
Duveaux, Massé. — Tristesses et deuils. — Dernières
étapes.

Mon cher cousin,

J'avoue qu'en me mettant à l'œuvre pour
accomplir ma part de l'entreprise commune,
je ne laisse pas que d'être en proie à une
grande perplexité. Je suis, en effet, absolument novice dans cette science difficile entre
toutes qui se nomme la critique artistique
et que les plus audacieux n'abordent jamais
qu'en tremblant. Et puis,—te le dirais-je ?—
tu m'as présenté aux lecteurs du *National*
sous des couleurs telles, qu'ils doivent con-

cevoir de moi une opinion que je sais bien ne pouvoir justifier.

A prendre à la lettre les lignes que tu m'as consacrées, je serais un foudre de guerre *in partibus*, un Masséna en chambre, une sorte de général Boum, toujours sur le qui-vive, ne rêvant que canonnades, fusillades, mitraillades, etc., etc., et entonnant à tout propos la fameuse chanson :

Et pif paf poum et papa pa pa poûm

Ce portrait eût été peut-être ressemblant il y a quatre ans; il ne l'est plus aujourd'hui.

Oui, je m'en souviens, dans mon enfance et même depuis, tout ce qui de près ou de loin touchait à l'éclat guerrier, à la gloire militaire, me transportait d'enthousiasme et de joie ; gamin, je n'ai jamais apprécié d'autres joujoux que les images d'Épinal et les petits soldats de plomb de Nuremberg ; jeune homme, je n'ai jamais trouvé de spectacle plus attrayant que celui d'un régiment en marche ou d'une grande revue, et tu sais quels efforts mon pauvre père a dû faire pour m'empêcher d'entrer à Saint-Cyr.

Ces goûts, ces enthousiasmes, je les ressens toujours, mais l'exhubérance avec laquelle ils se manifestaient n'existe plus, depuis que j'ai enfin compris que la victoire n'est point unie au drapeau français par un contrat indissoluble et que, si la gloire et l'honneur sont toujours intacts, le glas funèbre de la défaite remplace parfois les hourras joyeux de la victoire.

Comment pourrait-il, d'ailleurs, en être autrement, lorsque je considère les tableaux militaires exposés cette année, et qui, presque tous, sont consacrés à la reproduction d'épisodes de nos récents désastres?

C'est, d'ailleurs, un salutaire et vivifiant spectacle, c'est un précieux enseignement pour tous les citoyens, quel que soit leur âge, quelle que soit leur condition. Il faut que le souvenir de ces jours de larmes et de sang soit sans cesse présent aux esprits et aux cœurs; il faut que les arts en répandent à l'infini la reproduction. Ce n'est qu'ainsi que les générations futures se dégageront du fardeau pernicieux des légendes, ce n'est qu'ainsi qu'elles apprendront à ne compter que sur elles-mêmes et qu'elles comprendront que, pour avoir le succès, il est insuffisant de le désirer, il faut le mériter. La jactance nationale y perdra peut-être quelque chose, mais les volontés et les courages deviendront plus virils et de meilleur aloi; on parlera peut-être un peu moins de la revanche, mais on s'y préparera davantage, et l'on s'en rendra plus digne; enfin, l'on flétrira d'un unanime mépris toutes ces misérables intrigues, tous ces appétits inavouables qui n'ont d'autre but que d'accaparer le pays après l'avoir atrophié, et qui ne peuvent avoir d'autre résultat que de retarder le jour de la rénovation de notre chère patrie.

Ces considérations, que j'expose un peu longuement peut-être, sont comprises par un grand nombre d'esprits sensés et vraiment patriotes. Je n'en citerai ici d'autre preuve que l'empressement du public autour des tableaux militaires, d'ailleurs peu nombreux, qui figurent au Salon de cette année.

Je me rappelle la défaveur, souvent même le ridicule qui, dans les expositions des dernières années qui ont précédé nos revers, s'attachaient à toutes les toiles militaires. Encore du chauvinisme ! disait-on, et l'on passait dédaigneusement. On est bien revenu aujourd'hui de ce scepticisme, qui était d'ailleurs plus affecté que réel ; la victoire nous semblait monotone et nous laissait inaccessibles aux grands sentiments du patriotisme; la défaite nous a appris à comprendre que là où est le drapeau tricolore, là est l'honneur et le génie de la France.

Il est vrai (et je suis d'autant plus à l'aise pour plaider les circonstances atténuantes, que je n'ai jamais éprouvé ce dégoût dont je parle) que la peinture officielle des fastes du second empire avait quelque chose de guindé, de convenu, de *poncif* (si j'ose m'exprimer ainsi), qui pouvait excuser l'indifférence du public ; parfois même elle provoquait les rires, témoin cette fameuse *Bataille de l'Alma*, où le prince Napoléon se trouvait transplanté au milieu d'une grêle de boulets et d'obus qui n'ont jamais existé que dans l'imagination d'Horace Vernet.

Ces éternelles représentations d'une armée ennemie en déroute devant six zouaves et quatre chasseurs à pied, tandis que, sur une éminence, l'empereur, ou le général en chef, entouré d'un *brillant état-major* aux poses théâtrales, reçoit les drapeaux conquis et les acclamations de ses troupes, ne disaient pas grand'chose à l'esprit et au cœur. On restait indifférent, parfois même gouailleur.

Aujourd'hui l'on s'arrête devant les tableaux de nos désastres ; on recherche avant tout ces monuments de la défaite, on se transporte d'enthousiasme à la contemplation des héroïques vaincus de Reischoffen, de Metz, de Sedan; on acclame ces stoïques petits soldats, ces valeureux *moblots* de l'armée de la Loire et de l'armée de Paris, qui, résolûment et sans espoir du succès, vont former de leurs cadavres le dernier rempart de l'honneur national ; on salue, les yeux humides, cette noble loque aux trois couleurs qui ne fut jamais plus glorieuse que depuis les affronts qu'elle a reçus, et jamais plus chère à tous les Français vraiment dignes de ce nom.

Donc, cette année, par un juste retour des choses d'ici-bas, qui indique une salutaire évolution des esprits, la première place dans les préférences du public est aux tableaux militaires, et, pour la multitude, les deux triomphateurs du Salon sont MM. Detaille et de Neuville.

Décider entre ces deux artistes lequel a déployé le plus de talent serait chose tout aussi difficile que distinguer celui dont l'inspiration a été le plus patriotique.

Pourtant, je l'avoue, je me sens attiré par une attraction toute particulière vers le tableau de M. Detaille : *Charge du 9e cuirassiers dans le village de Morsbronn* (n° 598, salle C D). C'est le 6 août 1870, il est une heure de l'après-midi ; le village de Morsbronn est tombé au pouvoir de l'ennemi, qui de là va déborder l'aile droite de l'armée. Le général de Lartigue, pour dégager ses troupes si gravement compromises, a jeté sur le flanc de l'assaillant la brigade Michel, qui se composait des 9e, 8e cuirassiers et d'une partie du 6e lanciers ; le premier de ces régiments est entré dans la pittoresque bourgade alsacienne sans rencontrer un ennemi ; mais voici qu'au détour d'une rue ils se heurtent à une barricade, devant laquelle le régiment est forcé de s'arrêter ; l'officier qui commande l'avant-garde fait sonner l'*arrêt* par le trompette qui l'accompagne. Les Prussiens n'attendaient que ce signal. Cachés dans les maisons, derrière les portes, les fenêtres, les lucarnes, ils font pleuvoir sur le régiment français une épouvantable fusillade à laquelle nos malheureux cavaliers ne peuvent répondre qu'en déchargeant contre un ennemi invisible leurs pistolets inoffensifs. Le régiment, embarrassé de son propre poids, écrasé sous sa propre masse, ne peut, dans cette rue étroite, faire aucune évolution ; il va donc être décimé avant de pouvoir gagner la campagne où ses débris viendront se briser dans un suprême effort contre les lignes impénétrables d'un ennemi vingt fois plus nombreux.

Tel est l'épisode que M. Detaille a, on peut le dire sans exagération, immortalisé dans son tableau ; quant aux détails de l'œuvre, quant à ses *effets*, d'autant plus saisissants qu'ils sont rigoureusement vrais, je n'en dirai rien, après ce que tu en as dit toi-même dans ton article d'ensemble sur l'exposition de peinture.

La même raison me fera passer brièvement sur le *Combat sur une voie ferrée*, de M. A. DE NEUVILLE (n° 1390, salle M. P.), que tu as eu, avec raison, le soin de signaler dès le premier jour comme une des meilleures toiles du Salon.—C'est bien le digne pendant des *Dernières cartouches*, cette toile saisissante et grandiose qui est devenue en quelques mois si universellement populaire. C'est la glorieuse et navrante épopée de cette valeureuse armée de la Loire, héroïque ramassis de soldats improvisés et de *moblots* dépenaillés, sans éducation militaire, sans tradition, sans autre lien de cohésion que le sentiment du devoir et l'amour de la patrie, et qui pourtant a tenu en échec, pendant plus de quatre mois, les vieilles et triomphantes phalanges de Von der Thann et de Frédéric-Charles.

Nous sommes en plein hiver: la terre est couverte de neige et de boue détrempée; des mobiles sont massés derrière le talus d'une voie ferrée qu'ils vont tout à l'heure franchir pour porter secours à un bataillon de chasseurs violemment engagé. De l'autre côté, on se bat avec furie; un grêle de balles s'abat sur la voie et vient frapper de mort quiconque dépasse le niveau des talus. — Un officier recommande la prudence à ses hommes qui se lèvent *pour voir*, tandis que le commandant, debout sur la voie et une canne à la main,

demande des indications à un officier de
chasseurs qu'une affreuse blessure à la tête a
couché sanglant sur le terrain.

Tous les détails de cette toile hors ligne
sont traités avec une vigueur et une vérité
saisissantes ; chacun de ces blessés, de ces
morts et de ces stoïques enfants qui attendent *leur tour* est un poëme de sentiment
et de patriotisme. Que de réflexions nous
inspirent ces poteaux télégraphiques qui,
quelques semaines auparavant, transmet-
taient encore la pensée et l'intelligence hu-
maines avec la rapidité de l'éclair et qui
maintenant sont déchiquetés par la mi-
traille et menacent ruine ! Que de tristes
enseignements nous offre cette voie ferrée,
orgueil de la civilisation moderne, destinée
à rapprocher les peuples et à détruire les distances, et qui, devenue le théâtre de scènes
de meurtres, est aujourd'hui arrosée de
sang !

Après avoir contemplé avec M. de Neuville la guerre dans son horrible grandeur,
nous la voyons dans l'*Alerte* de M. Protais
(salle C. D., n° 1523), entourée de toutes les
séductions imaginables. Par une magnifique
journée d'août, sur les confins d'un bois
touffu et d'une verdoyante prairie une colonne d'infanterie envoyée en reconnaissance
et qui avait fait halte apprend que l'ennemi
est en vue.

Déjà les chasseurs à pied s'élancent sous
bois au pas de course, les batteries d'artillerie qui soutiennent la colonne se déploient
dans la prairie, et au premier plan un régi-

ment d'infanterie s'apprête à marcher en avant; les hommes regagnent leurs rangs, les officiers bouclent leurs ceinturons et mettent leurs gants, car c'est fête pour eux. La fraîcheur du site, la splendeur du coloris vous font regretter de ne pas être de la partie. En somme, excellente toile, que dépare peut-être un peu, suivant moi, la pose théâtrale du sergent qui gourmande les retardataires.

Il faut signaler à M. Protais ce petit défaut, imperceptible dans l'*Alerte*, très sensible dans *Metz* (salle P, n° 1524), et qui, en se développant, pourrait porter un grave préjudice à son magnifique talent.

M. Protais a créé un genre nouveau de peinture militaire; on peut dire de lui qu'il a poétisé les horreurs de la guerre; mais la première qualité du poëte, ce qui forme l'essence même de sa nature, c'est la vérité. Il doit donc se défier avant tout du convenu, de la pose. Or, le saint-cyrien qui contemple fièrement la ville de Metz à côté d'un vieil officier dont la tristesse fait courber la tête, est tout simplement un *poseur* qui ne saurait inspirer de sympathie à personne, car on sent que ce qu'il fait c'est *pour la galerie.*

Ce n'est pas ainsi que l'on doit personnifier l'avenir et l'espoir de la revanche; le type de gommeux—matamore qu'a reproduit M. Protais n'existe plus dans l'armée française; son saint-cyrien s'est fait tuer glorieusement à la bataille de Sedan.

Hélas! que de courage, que de dévouements inutiles mais admirables cette néfaste journée du 1er septembre 1870 a vu se produire !

M. CASTELLANI (salle CD, n° 332) a reproduit un des épisodes glorieux de ce désastre sans précédent, au milieu duquel on dirait que l'armée a tenu à venger par son héroïsme la honte que son chef allait attirer sur la France.

Vers la fin de la journée, un escadron du 1er cuirassiers, sous les ordres du commandant Cugnon d'Alincourt, tenta de percer les lignes prussiennes ; un soldat du 1er régiment de turcos s'étant emparé d'un cheval, servit un instant d'éclaireur à cette poignée de braves, mais il tomba bientôt, criblé de balles, et l'escadron presque entier ne tarda pas à subir le même sort. Telle est l'épopée que M. Castellani a reproduite, avec plus d'emphase peut-être que de vérité ; mais n'est-ce pas le cas ou jamais d'appliquer ce consolant aphorisme : *la fin excuse les moyens.*

Cependant je ne peux m'empêcher de faire une comparaison entre cette toile, dont le sujet ouvrait à l'artiste une si large carrière et commande, en quelque sorte, par lui-même l'attention et la sympathie, et la *Visite aux avant-postes,* de M. HENRI DUPRAY qui se trouve dans la même salle (n° 653).

Ici le peintre avait à reproduire une des scènes les plus grandioses dont la gloire militaire puisse fournir le sujet : là il n'a devant lui qu'un brouillard à perte de vue, un cheval mort sur le bord du chemin, quelques officiers généraux, une faible escorte et un prosaïque fiacre qui a amené de Paris à la Croix-de-Flandres l'amiral La Roncière Le Nourry et les généraux Ducrot et Tripier.

Je ne reviendrai pas sur ce que tu as dit, mon cher cousin, de cette excellente toile, mais je ne peux me dispenser de poser cette question : D'où vient que l'on passe indifférent devant le tableau de M. Castellani et que l'on ne peut se détacher de celui de M. Dupray? — C'est que ce dernier est *vu* et l'autre est *imaginé;* c'est que — tranchons le mot — l'un est vrai et l'autre ne l'est pas.

Je ne peux parler du tableau de M. Dupray sans mentionner les deux toiles de M. DU PATY. Ces deux artistes ont choisi leurs sujets parmi les épisodes de ce long et glorieux siége de Paris, et il existe, d'ailleurs, entre leurs talents plus d'un point de contact; l'un et l'autre, en effet, sont vrais, sans tomber dans les excès du réalisme à outrance.

Dans sa *Halte d'avant-garde* (n° 649), M. DU PATY nous montre un de ces villages des environs de Paris, si pimpants et si gais d'ordinaire aux beaux jours, et où nous avons tous consommé plus ou moins de matelottes hétérogènes et de fritures pêchées.... aux Halles centrales.

L'automne est venu, et la bise de novembre a fait tomber les dernières feuilles jaunies; la guerre est arrivée, et les habitants ont fui leurs demeures. La tristesse, la désolation, la solitude, tel est l'aspect qu'offre maintenant cet Eldorado de la piqueuse de bottines et du commis de nouveauté. Des soldats d'infanterie de ligne et quelques cavaliers qui précèdent une reconnaissance ont fait halte dans la rue désolée ; les hommes sont entrés dans les maisons vides pour y chercher de quoi faire un peu de feu ; ils ont tout pris, mais ce tout n'est pas grand'chose, et l'onglée commence à sévir ; mais le clairon va sonner le rassemblement ; il va falloir partir en avant, à l'aveuglée, et l'on ne sera prévenu de la présence de l'ennemi que lorsqu'un camarade aura *écoppé*, comme l'on dit en termes du métier.

Tirailleurs en avant! (n° 650), la lutte est engagée entre une escouade de mobiles et les avant-postes prussiens, près d'un de ces puits à plâtre si communs dans la banlieue ; un peloton de renfort vient soutenir ceux qui sont déjà en ligne. Tirailleurs en avant ! l'affaire est chaude, voici les balles qui arrivent, et plus d'une capote gris-bleuté (comme dit l'ordonnance) est déjà étendue dans la marne boueuse.

Ces deux tableaux bien conçus, sincèrement exécutés, recèlent un véritable talent qui n'a pas encore dit son dernier mot.

On peut en dire autant de M. Raoul Arus, dont l'*Armée de la Loire* (salle BC, n° 44) est traitée avec beaucoup de sentiment et une finesse d'exécution qui a su éviter l'écueil de la mièvrerie.

M. Delrieux se distingue par des qualités tout opposées ; sa *Charge de cuirassiers* (salle CD n° 582) est brossée avec une remarquable vigueur, peut-être un peu trop exclusive de la préoccupation de la ligne. Quoiqu'il en soit, cette toile est une des œuvres les plus estimables du salon ; hommes, chevaux, terre et ciel, tout cela se confond dans un mélange inextricable et grandiose au travers duquel on respire le grand souffle qui animait les Bourguignon et les Salvator Rosa.

Je n'en dirai pas autant du tableau de M. JOHN LEWIS BROWN, dont le talent éprouvé devait faire espérer mieux que son *Épisode de la bataille de Frœschwiller* (salle B n° 272). Et pourtant le sujet était bien fait pour inspirer le maître auquel on doit déjà tant de productions charmantes ; la bataille est engagée sur toute la ligne ; le maréchal de Mac-Mahon placé à quelques pas en arrière d'une batterie observe les mouvements de l'ennemi qui le déborde de toutes parts ; les projectiles tombent de tous côtés et viennent frapper un des aides-de-camp au milieu de l'état-major.

Cette scène si mouvementée, si naturellement dramatique, a été rendue par l'artiste avec une absence complète de sentiment. Les blessés tombent avec une raideur qui fait penser, malgré soi, aux automates du Théâtre-Miniature. C'est de la peinture décorative qui vous glace et ne vous produit d'autre impression que le regret de voir qu'un pareil sujet n'ait pas été mieux compris.

Quelle différence entre ce panneau froid et sec et la charmante petite toile de M. WALKER, *Une Avant-Garde* (salle S. V., n° 1,827). Et cependant le sujet n'est ni tragique ni compliqué : Deux dragons en éclaireurs précèdent un détachement de cavalerie et s'avancent au milieu d'une campagne couverte de neige ; voilà tout. Mais que de sentiment, que d'observation, que de cœur dans tous les détails ! Hommes et chevaux sont vivants et rappellent à l'esprit cette cavalerie héroïque qui, malgré la rigueur du temps, battait l'estrade dans nos champs désolés aux rudes journées de décembre et de janvier. Les hommes sont exténués de fatigue et de froid ; enveloppés dans leurs larges manteaux, ils semblent ne plus avoir de vivant que l'œil qui sonde la campagne ; les chevaux sont épuisés par la faim et par des marches incessantes, on dirait qu'ils vont tomber au bord du chemin. Mais vienne à se profiler à l'horizon la silhouette des patrouilles ennemies, et voilà qu'hommes et chevaux se transfigurent. Ils s'élancent au triple galop : les uns sabrent, les autres mordent et ruent ; puis, s'ils n'ont pas été couchés dans la boue neigeuse par quelque coup de pointe ou de tranchant, ils reprennent, tranquilles, leur marche : ils se sont réchauffés.

Mais je suis effrayé du peu d'espace qui me reste, alors que j'ai encore tant d'observations à te communiquer. Je vais donc être forcé d'abréger ; cependant, je ne peux passer sous silence les envois de M. Émile Bayard.

Son *Défilé* (n° 91, salle BC) est bien certainement une des toiles les plus saisissantes du Salon. C'est le matin, un brouillard épais couvre le champ de manœuvres de Vincennes ou de Satory; près d'un poteau, gît le cadavre d'un soldat qui, ayant manqué au devoir et à l'honneur, sans avoir livré à l'ennemi une place forte et une armée, a reçu douze balles dans la poitrine. Des détachements des divers corps de troupes défilent devant cette victime de la justice humaine; les vieux soldats sont impassibles ou indifférents, les jeunes allongent curieusement la tête ou la détournent avec effroi. C'est une étude très fine et très *sentie*, en même temps qu'une peinture d'un effet d'autant plus vrai, que l'effort n'y paraît pas.

La même sincérité se remarque dans *Pendant le siége de Paris;* ce troupeau de chevaux fourbus que l'on conduit à l'abattoir rappelle à tous ceux qui ont contemplé de pareils spectacles et digéré de pareilles victuailles, des souvenirs aussi pénibles au cœur que lourds à l'estomac.

A ces deux toiles remarquables M. ÉMILE BAYARD a joint un magnifique fusain en forme de tryptique de l'effet le plus imposant : *Gloria victis !* (n° 1881). C'est l'épopée grandiose et lumineuse de nos glorieux désastres. Des deux côtés de cette composition l'auteur a retracé un des plus sanglants épisodes de la guerre; au centre, il reproduit les traits des morts les plus illustres qui ont arrosé le sol de la patrie de leur sang généreux. Sur cette hécatombe héroïque plane le génie de la gloire dot le glaive vengeur projette sur tous ces martyrs du devoir, le rayonnement de l'immortalité.

Que de choses j'aurais à te dire, mon cher cousin, sur les différents détails de cette œuvre grandiose et véritablement monumentale; mais je suis forcé de garder mes impressions pour moi, car tu m'as recommandé la concision, et je sais que ton directeur ne me ferait pas la charité d'une seule colonne en sus des douze qu'il consent à me consacrer.

Et pourtant il existe encore bien des toiles estimables dont je n'ai rien dit. Tel est, par exemple, le tableau de M. ROYER (n° 1608), *les Zouaves pontificaux à la bataille du Mans*, œuvre conçue fortement et franchement exécutée, à laquelle je n'ai d'autre reproche à faire qu'une certaine tendance à l'emphase et à l'exagération. La conduite du général Gougeard et des zouaves pontificaux au plateau d'Auvours a été assez brillante pour pouvoir se passer des enjolivements dus à l'imagination du peintre; il suffisait d'être naturel et vrai, et je crains que M. Royer ne l'ait pas toujours été.

Je préfère de beaucoup le *Dernier effort à la porte Ballan* de M. SERGENT (salle P. S. n° 1675). — Cette suprême tentative faite à la fin de la bataille de Sedan par une colonne de troupes de toutes armes, formée spontanément et sans autre lien qu'un unanime désespoir, a inspiré au peintre une œuvre frappante de vérité et d'une grande justesse de coloris.

Quelle différence entre cette foule palpitante et enthousiaste qui se précipite sous la porte de la citadelle pour se ruer à la mort, et ces cavaliers gracieux mais froids qui se sabrent, sans avoir l'air de se faire du mal, sur les toiles de M. DUVEAUX, (*la cavalerie de Fortou à Gravelotte*, n° 679), et de M. BEAUCÉ, (*le 16ᵉ uhlans mis en déroute par les chasseurs de France à Rezonville*, n° 94). Certes, ces deux tableaux ne sont pas sans valeur; il y a de la finesse dans l'exécution, un coloris agréable, mais la vérité manque; on sent que le peintre n'a pas *vu* son sujet.

Avec ses quelques cavaliers groupés autour du bivouac, tristes et abattus (*Metz, 8 octobre 1870*, n° 201), M. BOILVIN soulève en l'esprit du spectateur bien d'autres sensations et une émotion autrement profonde; il nous fait assister aux langueurs de cette magnifique armée du Rhin, qui sèche et s'atrophie sur place jusqu'au jour où son commandant en chef la livre à l'ennemi comme un vil bétail.

Un des épisodes de cet horrible drame a été rendu avec beaucoup de talent et de cœur par M. MASSÉ. Dans les *Funérailles d'un drapeau* (n° 1270, salle M) il a reproduit une scène lamentable et consolante à la fois. Le drapeau du 1ᵉʳ régiment de grenadiers va être remis à l'ennemi; malgré l'ordre exprès de conserver intact ce glorieux trophée, auquel Frédéric-Charles et Bazaine entendent qu'il ne manque pas une frange, le colonel déchire en mille morceaux l'étoffe sacrée et en partage les fragments entre ses officiers et ses soldats. — Généreuse et patriotique insubordination à laquelle nous devons un affront de moins !

Navrante et d'une indicible tristesse est l'impression qui se dégage du tableau de M. DEVILLY : *Adieux à leurs officiers des soldats du *** bataillon* (n° 607, salle CD).

Mais je m'arrête, car je n'aurais plus à parler que de tristesses et de deuils : Les *Morts en ligne*, de M. LANÇON (n° 1065, salle F. H.), horrible alignement de cadavres, dont le réalisme exagéré répugne plus qu'il ne touche, et les deux scènes d'invasion, de M. BRUNET-HOUARD (n°ˢ 279 et 280), d'un effet poignant et d'un coloris sombre et triste comme le sujet qu'il reproduit, sont pour moi les dernières étapes de ce voyage à travers le salon, dont le récit, si abrégé qu'il soit, m'effraye par sa longueur.

Je jette un dernier regard sur une saisissante *Reconnaissance de hussards prussiens*, de M. BRISSET (n° 266), et sur deux toiles pleines de fraîcheur, de vérité et de sentiment : l'*Estafette* (n° 364) et l'*Artillerie montée* (n° 365) dues l'une et l'autre au pinceau de M. EUGÈNE CHARPENTIER.

Sur ce, mon cher cousin, je te quitte, en te priant de faire agréer à tes lecteurs les excuses de leur critique improvisé, et en te chargeant de leur faire oublier, dans ton prochain feuilleton, l'ennui que j'ai pu leur causer.

JOSEPH PATUROT.

VI

LES SALLES DE PEINTURE

— Si nous en restions là..... Qu'en pensez-
vous, mon cher oncle? Ou, du moins, si
nous complétions l'aperçu général de cette
exposition par l'examen, sommaire comme
nos études précédentes, de la galerie qui
donne sur le jardin, et où se trouvent les
pastels, les aquarelles, les dessins, gravures, etc.? Car, je vous l'avouerai, j'hésite à
entrer plus avant dans cette œuvre que nous
avons entreprise un peu témérairement.

N'est-il pas outrecuidant, de la part de simples *pékins* comme nous, de prétendre émettre une opinion sur des œuvres qui ont demandé aux artistes qui en sont les auteurs tant d'études, tant de travaux, tant de soucis, tant de veilles, et que de lancer légèrement une opinion plus ou moins fondée sur ces toiles qui ont absorbé une partie de l'existence et souvent l'âme entière de ceux qui ont pâli devant elles.

— Bah ! n'en sommes-nous pas tous là et la critique épargne-t-elle, dans quelque condition que nous soyons, une seule de nos actions et le moindre de nos travaux ?

D'ailleurs, MM. les artistes ne travaillent que pour le public et le public a besoin d'être conduit, d'être renseigné ; le plus souvent, il passerait sans y prendre garde si on n'appelait son attention devant des objets qu'il admire, dès qu'on lui a montré qu'ils méritent d'être admirés. En réalité, nous n'avons trompé personne et nous n'avons la prétention de traduire que l'opinion de quelques-uns de ces bons bourgeois de notre espèce, dont l'avis mérite bien quelque attention puisqu'ils comptent parmi les acquéreurs des œuvres exposées au Salon.

Tu as promis aux artistes qui, en venant ici, savaient bien qu'ils s'exposaient aux critiques, ainsi qu'aux lecteurs du *National*, une nouvelle visite de ces salons ; il s'agit, tout au moins, de combler les lacunes que toi-même a constatées dans notre première et rapide description. Exécutons-nous donc, sans avoir d'autre prétention que celle-là ; et

en ne disant que ce que nous pensons sincèrement, nous aurons la conscience tranquille.

D'ailleurs, c'est à nous de faire pour le
mieux ; ne nous exposons-nous pas aussi
à la critique ?

— C'est ce qui m'effraye.

— Allons donc ; laisse-là cette poltronne-
rie tardive, et montons.

Quant à moi, je me sens aujourd'hui tout
inspiré, et je veux te faire partager mon inspiration en improvisant quelques vers qui
vont, je l'espère, réchauffer ton ardeur :

Nous avons admiré ceux dont les mains savantes
Tirent d'un bloc massif des figures vivantes,
Et, portant la plastique à son plus haut degré,
Font palpiter le marbre et le bronze à leur gré.
On fit de leurs travaux la critique complète :
Visitons maintenant les porteurs de palette,
Ceux qui, par le relief que donne la couleur,
De leurs conceptions redoublent la valeur.
Gravissons l'escalier aux rampes colossales,
Et le livret en main, pénétrons dans les salles !

— Je vous suis !

Quel système allons-nous adopter ? Imi-
terons-nous Joseph, qui s'est si bien tiré de
la tâche ardue qu'il avait acceptée, celle de
rendre compte des tableaux militaires.

— Tiens, c'est parbleu vrai, notre première parole aurait dû être pour lui ; mais il est
si ardent ! Et puis, le patriotisme qui lui
remplit l'âme était à la hauteur de cette tâche. Trouverions-nous des inspirations sem-
blables à celles qui le guidaient, si nous pre-
nions la résolution de traiter en une fois
tous les sujets religieux du Salon, comme il
a traité les sujets militaires ?

— Ce serait d'autant plus difficile que le terrain nous ferait défaut ; j'ai été frappé par le petit nombre de tableaux de sainteté qui figure dans cette exposition.

— Les arts se ressentent des mœurs ; chaque époque a son genre. La grande peinture religieuse demande une foi et une ferveur qui ne sont plus de notre temps.

— Mais, ne dit-on pas que nous sommes plus religieux que nos pères ?

— C'est-à-dire que nous sommes ou plus fanatiques ou plus tartufes. La religion des premiers est entretenue par une foule de miracles et de superstitions qui feraient une singulière figure au Salon. Voit-on d'ici une demoiselle de la Merlière usurpant dans un tableau la place de la sainte Vierge ? Ou bien un groupe en marbre représentant les deux petits bergers éblouis par son apparition? Le singulier effet que produirait la reproduction de la scène fantastique du 19 septembre 1846 : Maximin Giraud et Mélanie Mathieu tremblant de tous leurs membres devant la dame mystérieuse, et écoutant avec stupeur les prophéties qu'elle leur débite en patois?

Les autres, les tartufes, considèrent le principe autoritaire dont l'Eglise a le dépôt, comme la meilleure sauvegarde de l'ordre public et de leurs fortunes.

Ceux-là vont à la messe le dimanche et reçoivent à dîner leur curé ; mais là s'arrête leur pratique des préceptes de l'Evangile, de telle sorte que leur exemple est loin d'enflammer et d'entraîner les populations, qui connaissent d'autres traits moins édifiants de leur vie.

Quant à encourager les artistes disposés a imiter les grands maîtres que la foi chrétienne inspirait, il ne faut pas compter sur eux, et ils se croient très généreux et très fervents catholiques, lorsqu'ils poussent, à l'hôtel des commissaires-priseurs, jusqu'à 60 ou 80 francs une toile de plusieurs mètres, dont l'offre à leur église doit leur valoir une grande renommée en ce monde et de nombreuses années d'indulgences dans l'autre.

— En effet, j'ai souvent rencontré, rue Drouot, des acheteurs de ce calibre qui, bien mieux! pour faire excuser leurs achats, s'empressaient de dire en riant : « C'est pour mon curé! C'est pour mon église! »

Il faut le reconnaître, les tableaux religieux sont complétement délaissés, et les artistes qui connaissent cette disposition du public n'entreprennent les peintures de ce genre qu'autant qu'ils en ont la commande.

— Donc, il n'y a pas lieu de faire une série spéciale, et, à vrai dire, il en est de même pour la plupart des autres catégories qui, jadis, avaient chacune leurs hommes spéciaux.

La peinture d'histoire, il n'en est, pour ainsi dire, plus question...

— Les peintres d'histoire obéissaient jadis à de nobles inspirations comme les peintres religieux; ils tentaient de reproduire, à l'aide de leur pinceau, et de perpétuer pour les âges futurs les grands exemples d'héroïsme dont l'antiquité nous a transmis le souvenir. Mais aujourd'hui, l'héroïsme que le *De viris* nous avait appris à admirer est contesté par ceux qui ont entrepris de réformer la morale, et qui trouvent que le patriotisme doit s'inspirer autre part que chez les Grecs et chez les Romains.

On est bien près de vouer aux gémonies certains des grands hommes dont Plutarque nous a transmis la figure.

Demandez à certains cléricaux leur opinion sur Socrate, sur Platon, parlez-leur des admirables traités de Cicéron : *de Officiis, de Naturâ Deorum, de Republicâ*? Citez-leur ce sublime *Songe de Scipion*, qui seul a survécu à la destruction du sixième livre de la *République* Vantez les héros ou les poëtes païens, tous plus ou moins entachés de scepticisme. les dévôts leur préfèrent Sanchez, saint Dominique, Torquemada, Escobar, Malagrida ; jadis ils ont brûlé plus d'un livre de philosophie grecque ou romaine en place publique, et ne feraient volontiers qu'une fournée de toute l'antiquité.

Aussi les peintres se sont-ils détournés d'un genre qui les aurait exposés à être dénoncés par l'*Univers* et par le *Monde* comme des propagateurs de doctrines subversives et d'exemples contagieux.

— Ils ont eu raison... Quand on songe à l'exil auquel ont été condamnées les statues du Luxembourg, dénoncées par M. Ravelet, du *Monde!*

Ravelet! Voilà un nom qui passera à la

postérité et qui fera le digne pendant de celui d'Erostrate !

Quoi d'étonnant, en présence de tout cela, que nos artistes se soient rejetés dans la peinture de genre.

Le genre d'ailleurs est mieux approprié à nos goûts modernes et à la décoration de nos appartements bas et rétrécis.

Le genre de plus a fait pénétrer de toutes parts le goût de la peinture ; aujourd'hui, grâce à lui, chacun a son musée, chacun contribue à subventionner cette pléïade d'artistes qui jadis n'avaient d'autres clients que les gouvernements et d'autres refuges que les grands musées.

Le genre, en outre, n'exclut ni le talent ni les nobles inspirations. Il n'est pas ennemi du style et admet très bien le caractère. Il est plus d'un petit tableau devant lequel on est longtemps pensif et rêveur ; il est plus d'une toile de petite dimension qui renferme plus de savoir et plus de talent que n'en exigeaient les grandes toiles qui figuraient jadis dans les expositions, en attendant qu'elles aillent se perdre sous les combles de quelque établissement public.

— D'après cela, mon cher oncle, mon avis est que nous marchions droit devant nous, en commençant par la salle n° 1 et par la lettre A, jusqu'à ce que nous soyons arrivés à la salle Z. Notre description en sera moins monotone, et nous entremêlerons paysages, histoire, marines, portraits, genre, etc., tels qu'ils se présentent aux regards des visiteurs.

— Eh bien, en route ! — et voilà tout d'abord, au début des lettres A et B, deux échantillons de paysage et deux autres de marine qui nous promettent de la fraîcheur, de l'eau et de l'air : de quoi satisfaire ceux qui, en entreprenant, comme nous, ce voyage par une chaleur tropicale, en auront plus d'une fois besoin.

— A voir ces deux splendides marines de M. Appian, on croirait que peindre la mer est la chose la plus facile du monde et que les marchands de couleurs vendent une peinture toute préparée pour représenter cette belle eau si bleue, si transparente. Comme elle se perd bien dans les profondeurs de l'horizon par un temps splendide dans l'une de ces deux toiles, et par un temps couvert dans l'autre !

— Moi qui n'ai pas le pied marin comme toi, je m'en tiens aux deux paysages de Beauverie. J'aime surtout son *Après-midi de printemps*. Il me semble être en Normandie, dans ces frais herbages toujours verts, d'où émergent ces pommiers arrondis, couverts au printemps d'élégantes fleurs blanc-rosées, tels qu'on les voit dans le tableau de M. Beauverie, et, à l'automne, de pommes d'or, d'argent ou de corail, dont le poids, en rompant les branches qui les portent, occasionnent les brèches dont la plupart de ces arbres portent les traces.

— J'aime moins le tableau qui fait pendant à celui-là, bien qu'il ait de grandes qualités : *Le Matin sur les bords de l'Oise*. Ce titre explique les vapeurs qui s'élèvent de l'autre côté de l'eau et qui éteignent les formes de la berge opposée à la berge verdoyante et garnie de plantes qui est de notre côté. Mais je trouve que malgré cet artifice, l'autre bord de la rivière ne s'éloigne pas suffisamment. Les premiers plans ne laissent rien à désirer.

Mais qu'est-ce qui captive donc autant votre attention ?

— Ma foi, je suis comme la foule. Je m'amuse devant ce qui est amusant, et ce *Capitaine Fracasse* de Alphonse André a toutes les qualités nécessaires pour cela. Ecoute le passage de Théophile Gautier que le peintre a traduit d'une façon, ma foi ! très réussie :

Debout, à la tête du char dont les comédiens s'efforçaient de sortir, Agostin, sa cape de Valence roulée sur son bras, sa trabaya au poing, criait d'une voix tonnante : La Bourse ou la vie !

Quel réveil pour ces pauvres comédiens ! Mais ils font bonne contenance, et Agostin n'a qu'à se bien tenir.

— Voilà une eau bleue de notre connaissance. Vous souvenez-vous, mon oncle, de notre traversée du lac de Genève assaisonnée de ce bon petit vin blanc d'Yvonne qui vous faisait trouver si suaves les accents de certaine joueuse de mandoline ?

— Eh ! eh ! si je m'en souviens ? Ce *Port de Paquis*, de M. Belley du Poisat m'en fait revenir l'eau à la bouche. Mais voici une peinture qui me calme. M. Alma Tadema est lugubre dans cette sixième plaie d'Egypte, la *Mort des premiers nés*, et ces teintes d'un jaune brun me font l'effet d'un nuage menaçant qui dérobe à mes regards ce beau ciel et ce beau lac également bleus l'un et l'autre que je voyais tout à l'heure. Passons.

Mais, à ton tour, tu as, il paraît, trouvé un sujet qui te captive?

— Effectivement, voici une petite toile de EMILE ADAM, devant laquelle il faut s'arrêter. Prie-t-elle avec ferveur, cette pauvre *Marguerite* penchée le long de l'autel? Et bien que le spectateur ne l'aperçoive que de dos, comme cette posture indique bien la douleur qui la remplit et le combat qui se passe dans son âme!

— C'est saisissant! et dans le fond, quelle opposition habilement rendue dans cette autre scène où ces petites figures de commères qui jasent autour du puits en montrant du doigt Marguerite, semblent faire mieux ressortir par leurs gestes accentués et par l'éclat de leurs costumes en plein soleil, l'immobilité et le sombre vêtement de la victime de Faust.

— Ah! voici un sujet qui séduit invariablement les jeunes artistes : Juliette se tuant sur le corps de Roméo, qui, la croyant morte, s'est empoisonné. Qui n'est ému par cette dramatique histoire des deux amants de Vérone et par l'admirable cri de Juliette à son réveil :

Poison, I see, has been his timeless end :
O Churl! drink all, and leave no friendly drop,
To help me after? I will kiss thy lips;
Haply, some poison yet doth hang on them,
To make me die with a restorative.

Il a su, je le vois, en finir à propos par le poi¯

son. O l'égoïste, il a tout bu, sans me laisser une seule goutte, pour me venir ensuite en aide ! eh bien ! je baiserai tes lèvres ! Heureusement, elles peuvent avoir encore sur elles un peu de poison, un cordial qui me fera mourir !

De vagues rumeurs se font entendre en dehors du caveau funèbre ; Juliette, apercevant à terre le poignard de Roméo, s'en empare avidement et s'en perce la poitrine, en s'écriant :

Yea, noise ! then I be brief, — o happy dagger !
This is thy sheath ; there rust, and let me die.

Ah ! du bruit ! — J'abrège alors ! — O heureux poignard, voilà ton fourreau ! rouille-toi là, et laisse-moi mourir !

M. James Bertrand, de Lyon, a rendu plutôt le côté touchant que le caractère énergique de la scène.

— Regarde donc ces deux toiles de Buttura, deux *Vues prises aux environs de Cannes* ! Quelle nature vigoureuse ! et comme on sent bien que le soleil de ces contrées privilégiées, où les nuages n'affadissent jamais la couleur, doit donner ce bleu foncé du ciel, et ce vert foncé des arbres !

— Brrrrt ! changement à vue ! Plus la moindre couleur ! Du gris, rien que du gris ! M. Louis Boudin vient de nous transporter aux *rivages du Portrieux*. dans les Côtes-du-Nord. Ici, les nuages ne laisssent pas percer le plus petit point de bleu, et la mer, en reflétant leurs couleurs grises, donne au tableau un étrange effet qui ne manque pourtant pas de charme.

Quelle variété dans la nature! et quel parti elle apprend aux peintres à tirer des sept couleurs du spectre solaire !

— Sept, tu le sais, est un chiffre cabalistique ! Les sept couleurs de l'arc en ciel, les sept notes de la gamme, les sept jours de la semaine, les sept années de la septennalité !

— Voyons, mon oncle, voilà que vous allez vous lancer dans les digressions politiques !

— Ma foi, tu as raison ; j'aime bien mieux admirer cette jeune personne, élégamment vêtue en costume du seizième siècle, et qui se fait donner par ce jeune chevalier, non-moins bien vêtu, sa *première leçon de tir*, oui de tir à l'arbalète. C'est un joli petit tableau, bien peint et bien posé. Il est de M. LA BRELY.

— Accordons-lui un bravo ; mais bravo surtout pour les paysagistes ! Voilà de la grande et belle nature ! Et cependant cet effet a été obtenu, on le sent, avec peu d'efforts.

M. BENOUVILLE n'a eu besoin que de copier la nature ; mais il a su choisir son moment et obtenir une superbe épreuve photographique des *Environs de Valmontone,* en Italie.

— Je suis de ton avis, mais j'ai non moins d'admiration pour les *Pommiers dans les blés,* où M. AUGUSTE BOUGOURD a su réunir d'une façon harmonieuse des blés dorés, des pommiers verdoyants, un ciel azuré, moucheté de quelques nuages, et sur le bord du chemin qui forme le premier plan, la verdure d'une herbe tendre qui n'attend que les moutons. On est évidemment en juillet.

Ne quittons pas ce premier salon sans mentionner la *Gloire posthume*, de M. Baader, puisque le jury lui a décerné une troisième médaille.

— C'est probablement à cause de sa grande dimension. En résumé, ce grand tableau n'est rien autre chose qu'une froide allégorie classique ; des cadavres, et une femme debout, sombre, qui les couronne. Tout se passe dans les ténèbres et on dirait que l'artiste a peint du milieu des brumes de Lannion, son pays natal.

Mais nous allions passer sans nous arrêter devant cette autre toile si vraie et si vivante, également couronnée par le jury : *Portrait de mon grand-père*, de Bastien Lepage.

— Ce qui aurait été un acte doublement coupable, et vis-à-vis de l'auteur, et vis-à-vis de nous-mêmes : nous aurions été privés de la satisfaction qu'on éprouve à examiner la finesse de ton et les détails si bien étudiés de cette tête et de ces mains. A première vue, cette peinture semble plate et quelque peu bâclée ; mais quand on l'a examinée de près, on ne tarde pas à y reconnaître de grandes qualités.

En pénétrant dans le second salon, il me semble qu'il va nous retenir quelque temps. Débutons par ces deux paysages d'Augustin Auguin : *Les grands bois de Fenioux* et le *Rayon d'automne à Cognac*. Sur le premier plan de chacun de ces deux tableaux quelques troncs de chêne très étudiés fournissent de beaux échantillons de l'essence de ces bois dont plus loin on n'aperçoit que la cime, du haut des éminences où l'artiste a placé le spectateur, et qui permettent même d'apercevoir les collines et le ciel lointain qui forment l'horizon. La couleur automnale est excellente dans le tableau qui porte le nom de cette saison.

— Viens donc voir ceci : voilà-t-il un homme heureux? M. Alboy Rebouet nous le présente comme *Un parti avantageux.*Le gaillard est bien fait, bien bâti et bien costumé...

— Je n'aime pas sa figure, avec sa chevelure rousse et ses joues chaudement teintées ; il me semble, d'ailleurs, que tel est aussi l'avis de la jeune fille dont le regard semble dire, malgré les exhortations de ses ascendants, qu'elle s'attendait à toute autre chose qu'à ce joyeux luron.

— Bah! elle s'y fera. Il est solide et bien portant et sa mise élégante et recherchée, car il est tout de soie rose habillé, indique, ainsi que la satisfaction montrée par la famille de la jeune personne, qu'il doit être de bonne maison.

— Tout ce que vous voudrez, mais la pâleur de la jeune fille m'indique, ainsi que l'attitude de ce petit chien qui est tout prêt à grogner, que le parti n'est pas jugé aussi avantageux par tous les spectateurs.

— Eh bien, veux-tu que je te dise mon avis? Cette discussion que nous venons d'avoir prouve que le peintre a merveilleusement réussi, puisque l'examen de son ta-

bleau l'a provoquée très probablement suivant son intention.

— En tout cas, ce tableau est une très remarquable composition où tous les détails de
costumes et d'ameublement sont très soi-
gnés.

— Parbleu, je le crois bien! M. Alboy-
Rebouet est élève de Gérôme! Mais regarde
donc un peu plus loin : il me semble que
voilà le pendant de ce tableau. Allons-y de
suite, nous reviendrons sur nos pas.

— En effet, il s'agit d'une scène analogue,
et cette fois, la jeune fille semble éprouver
un trouble d'un tout autre genre que celui
que faisait éprouver à celle que nous venons
de quitter, l'espèce de spadassin enrubanné
qui lui était présenté. Celle-ci n'ose regarder son *Prétendu*, car il s'agit d'un prétendu, le titre que M. BERNE-BELLECOUR a
donné à son tableau nous l'apprend. Elle est
cependant occupée à pelotonner l'écheveau
qu'il tient entre ses mains ; mais à l'incarnat
répandu sur sa figure on comprend son émotion et l'on sent qu'elle rougirait tout à fait,
si elle osait lever les yeux. Le prétendu
n'est pourtant pas des plus beaux, ni de la
première jeunesse ; c'est un officier. Est-ce
un portrait? On pourrait le croire en se demandant quelle autre raison M. Berne-Bellecour a eu de choisir un type qui ne cor-
respond pas exactement à celui de la jeune
fille.

Derrière elle, comme dans le tableau précédent, se trouvent père et mère, qui ont
l'air de se réjouir en songeant à l'accroisse-

ment prochain de leur famille. C'est une scène prise sur le vif, et qui, de même que la précédente, se recommande par le soin des costumes et de tous les accessoires. M. Berne Bellecour a peut-être accentué avec trop d'énergie les traits des grands parents en les maquillant à la façon des acteurs qui ont besoin d'accuser leur âge en se creusant des rides à l'aide du noir.

— Tu es bien sévère ; en résumé, c'est un joli tableau.

Mais voilà qui va faire ton bonheur, monsieur le paysagiste. Regarde-moi ce grand paysage de Benouville ; est-ce assez bien enlevé !

— Superbe ! superbe ! Mais j'ai vu cela ! C'est saisissant de ressemblance ! Quel nom donne-t-il à cette rivière si accidentée ?

— La *Nive à Itxsassou*, dans les Basses-Pyrénées. Tu as donc été par là ?

— Non, jamais ; mais j'ai vu cela dans les Alpes. J'ai vu, comme dans ce tableau, un torrent ayant fini par creuser son lit au cœur même de la roche, suivant qu'il y rencontrait des portions moins refractaires à son action perforante. J'ai vu de ces sinuosités où l'aspect de la rivière, encaissée dans le roc, change subitement, suivant que l'eau court de l'ouest à l'est, toute blanche d'écume, en plein soleil ou qu'après un contour, elle prend l'aspect vert et noir de la roche couverte d'ombre qu'elle reflète, en courant de l'est à l'ouest.

Le tableau de M. Benouville est d'un grand effet ; le paysage qu'il a admirablement reproduit, n'est pas un paysage ordinaire.

— Eh bien ! de même que tu te rappelles avoir vu ce grand effet dans les hautes montagnes, je me rappelle avoir vu tous ces effets moins grandioses, mais non moins pittoresques, rendus par M. ALFRED BRIELMAN. Voici, par exemple, un *Chemin du Morin (Seine-et-Marne)*, que j'ai certainement parcouru. Est-ce plein de vérité !

— Oh ! oh ! oh ! Mais voici une peinture qui me semble avoir du caractère ; ce n'est qu'un *Portrait d'enfant* qui n'est même pas très beau et où le peintre n'a pas fait abus de sa palette, car on croirait presque, à distance, qu'il s'agit d'une grisaille, tant la teinte grise a été employée dans la figure, dans le vêtement et même dans la chevelure ! Le tout se détachant sur un fond noir.

Mais en approchant on voit que chacune des parties de cette peinture a ses nuances propres, et que la chair est bien de la chair, de même que les cheveux sont bien des cheveux et les vêtements des vêtements.

N'êtes-vous pas frappé comme moi par le caractère étrange de cette toile qui porte la signature de JULES BADIN ?

— Enormément ! J'avais déjà remarqué combien il y avait de vérité, de nature et de vie dans ce portrait, malgré la parcimonie avec laquelle le peintre a usé des couleurs. Mais retourne-toi, et vois là-bas, dans l'angle de la salle, cette étrange figure qui se fait également remarquer par la sobriété du coloris. Depuis que nous sommes entrés dans cette salle, cette figure exerce sur moi une sorte de fascination. Elle est du même Jules Badin.

C'est la *Reine Labe.*

— Type étrange, plein de caractère et d'expression ! Elle est revêtue d'un pittoresque costume oriental ; ses yeux noirs étant à la fois sombres et étincelants. C'est la reine Labe, qui apparaît à plusieurs reprises dans les *Mille et une nuits* comme type de magicienne et d'enchanteresse. Sindbad le marin la rencontra dans ses voyages. Elle est connue du roi des génies, et de son royaume mystérieux elle exerce sur tous une occulte influence. Dans la joie, dans la douleur, dans toutes les actions de la vie, soyez sûr que la reine Labe intervient ; et vous le lisez sur son visage, tel que l'a peint avec tant de largeur et d'effet M. Jules Badin.

—Asseyons-nous un instant pour examiner à loisir cette grande toile de Théophile Blanchard, qui vient justement d'obtenir aujourd'hui une des trois médailles de première classe décernées à la peinture. Cette distinction me met à mon aise dans mon rôle de critique. Eh bien ! si les nymphes sont bien peintes, et si les charmes qu'a su merveilleusement faire ressortir l'artiste font comprendre le mouvement du malheureux *Hylas* dont le corps penche déjà sur le gouffre où il ne va pas tarder à être englouti ; ce qu'on a peine à comprendre, c'est comment les jambes — déjà soulevées de terre par le mouvement de bascule qui se produit entre la partie antérieure du corps qui incline vers la rivière et la partie postérieure—peuvent se rattacher au bassin. Si l'artiste était sûr de l'exactitude de leur position, il aurait mieux fait de ne pas recourir au manteau, qu'il semble n'avoir employé, en cette circonstance, que pour dissimuler la difficulté qui le gênait.

— Il paraît que le jury n'a pas été de ton avis, et qu'il a jugé que les attaches étaient irréprochables, puisqu'il a décerné à M. Th. Blanchard une des trois médailles pour lesquelles les compétiteurs ne manquaient pas.

— Le jury! le jury! Il a parfois de singulières façons de se tirer d'affaire, quand il est embarrassé, et ses décisions, bien que sans appel, ont bien rarement le privilége d'échapper aux critiques.

Cette année, particulièrement, sa décision, quant à ce qui est du prix d'honneur décerné à M. Gérôme, paraît être loin du goût de tout le monde.

Les trois tableaux exposés par M. Gérôme ne compteront pas parmi les plus remarqués de ceux que ce peintre en vogue a soumis jusqu'ici à l'examen du public.

Bien que rempli de qualités de détails, chacun de ces trois tableaux manque, dit-on, des qualités d'ensemble qui constituent les œuvres hors lignes, dignes de la médaille d'honneur.

Certes, M. Gérôme aurait pu obtenir cette distinction en d'autres occasions et, en outre, il est de taille à savoir la conquérir une autre fois. Pourquoi donc la lui avoir donnée pour des œuvres qui ne sont que de second ordre?

— Mais ce n'est pas sans peine que ce résultat a été obtenu; il n'a pas fallu moins de six tours de scrutin pour que M. Gérôme obtint enfin sept voix, c'est-à-dire la majorité d'une voix sur les treize votants. M. Corot a eu constamment trois et quatre voix, et M. Henner deux. Mais en voilà assez sur cet incident et reprenons vite, si tu le veux, l'examen des tableaux qui complétent le Salon où nous nous trouvons.

— Je le désire d'autant plus que nous arrivons devant les tableaux de M. ANTIGNA, qui sont dignes d'une mention toute particulière. Quel drame dans cette petite toile *Après la tempête !* Comme c'est hardiment peint et quel grand effet obtenu avec peu de chose !

La mer s'apaise, les nuages s'éloignent, et la brume, en se dissipant, ne laisse plus apparaître que l'extrémité des mâts du vaisseau qui a sombré, et, sur le premier plan, d'où le flot s'est retiré, que le cadavre à demi nu d'une jeune femme déposé sur une roche. La tête d'où la vie vient à peine de disparaître, est tournée du côté du spectateur, et les bras pendants semblent chercher encore la main amie qu'ils ne rencontreront plus.

La *Recherche de la pieuvre* est un autre tableau du même artiste, plein de vigueur et de couleur locale.

Enfin, la *Marée montante* montre une famille de pêcheurs surprise par le flot, et qui se réfugie au plus haut du rocher, en cherchant d'un regard terrifié dans l'espace la barque qui doit la sauver.

Mais vous ne m'écoutez pas, mon oncle ; je vois que votre vue est absorbée par cette exhibition d'une jeune femme, peinte dans une singulière position, par M. ANATOLE DE BEAULIEU.

— Que veux-tu? Le livret a beau me dire que c'est une femme adultère, son sort m'intéresse. Elle est exposée au pilori pour être vendue ou jetée au Bosphore, si aucun acquéreur ne se présente.

Il s'en présentera, je l'espère bien; elle est trop jeune, trop fraîche et trop jolie pour que quelque vieux Turc de Stamboul n'intervienne et ne s'empresse de la délivrer du vilain voisinage où elle se trouve, à côté de ce crâne encore pendu à la corde, et de ces débris ensanglantés qui rappellent une récente exécution.

Ils ne plaisantent pas , MM. les Turcs, avec la fidélité !

— Tenez, mon oncle, nous en resterons aujourd'hui, si vous le voulez bien, sur quelque chose de plus calme, sur ce charmant paysage d'HENRY BIDAULT, le *Bois de Bossillon*, où chaque chose est si bien à son plan et où la lumière, tamisée au travers des arbres, se trouve distribuée avec une harmonie si complète.

Le paysage, voyez-vous, c'est décidément là où l'on trouve le calme et le repos.

VII

SUITE DE LA PEINTURE

Châtiment d'une femme adultère.— La Nature exposant.
— Chantin, le paysagiste. — MM. Anker, Beyle, Jules
Breton. — La Via *Appia*. — *O rus, quando te aspiciam!*
—Établissement d'une voie romaine. — MM. Brissot,
Émile Breton, Bonnat.—Les Noces de Georges Dandin.
—Un mariage en Bretagne.—MM. Auguste Bonheur, de
Boucherville, Besnus, Brunner-Lacoste, Bidau, Bellel.—
Les portraits de Bonnegrâce. — Le capitaine Pléville.
— Le Gave d'Ascain. — M. Balfourier. — M. Alexandre
Bouché.

— Allons ! je vous retrouve encore en train
de contempler cette jeune femme !...

— Oh ! c'est une simple étude de mœurs.
Il faut avouer que ces Turcs sont d'une féro-
cité qui les rend aveugles. Comment peut-
on exposer ainsi, à tous les regards, en pleine
place publique, à un ignoble gibet une femme
toute nue, dont les chairs fraîches et délicates
n'ont pas été, on le voit bien, habituées à
subir l'effet de la grande lumière et de la
grande chaleur ; et cela, pour un péché qui
ressort plus du confessionnal que d'autre

chose et que nous sommes accoutumés à considérer dans notre civilisation plus parfaite que celle des Ottomans, comme une simple peccadille ?

— Une simple peccadille, qui conduit à la cour d'assises et à la prison !

— Oui, cela est vrai ; mais c'est là l'exception ; et il n'y a que les petites gens qui songent à cette vengeance.

— Cette vengeance ! mais c'est la loi !

— Tu peux avoir raison ; mais si je suis revenu ici en t'attendant, c'est que c'était là où nous en étions resté, et puis je me suis aperçu que nous avions oublié de citer le nom de l'auteur de cette trop séduisante femme adultère, M. ANATOLE HENRY DE BEAULIEU, élève d'Eugène Delacroix.

— Oh ! les oublis ! les oublis ! c'est à renoncer à faire le métier que nous avons entrepris. Tout à l'heure, en traversant le jardin pour venir te retrouver ici, je n'ai pu m'empêcher d'admirer un nouvel exposant: LA NATURE, qui vient de remplir tout ce jardin de ses plus magnifiques produits, de ses dernières créations.

Voilà un coloriste dont la palette distance toutes les palettes, et un dessinateur dont le crayon trouve constamment de nouvelles formes ; car il y a dans ce jardin des choses qui ne s'étaient jamais vues avant cette exposition, et qui prouvent que le dernier mot n'est pas dit en fait de perfections, puisque la nature elle-même se soumet à cette nécessité du progrès et a permis à l'homme de surenchérir sur elle-même.

— Elle a permis à l'homme de pénétrer ses secrets et elle lui a laissé la faculté de découvrir des espèces perfectionnées dont elle avait déposé le germe dans une poussière fécondante qui, portée d'une plante sur une autre, produit les merveilles que tu viens d'admirer.

Comme le disait hier, avec mille bonnes raisons, notre collègue Joigneaux, la Société d'horticulture ne peut s'en tenir là ; elle est mise en demeure, par les asperges monumentales qui figurent à son exposition, de mettre au concours la création d'une espèce humaine pantagruélique, douée d'organes capables d'absorber de tels produits.

— Pour en revenir à mon point de départ, celui des oublis, je m'étais assis pour contempler ces admirables massifs de fleurs étincelantes, quand, devant moi, deux bustes attirèrent mon attention par certains clignements d'yeux, et certains ricanements qui sortaient de leurs lèvres immobiles.

L'un, portant le numéro 3,046, me regardait en riant d'un air malin ; c'était celui d'une charmante jeune personne.

L'autre, portant le numéro 2,947, semblait me dire d'un ton de reproche : « Tu nous a oubliées; mais nous ne nous en portons pas plus mal; nous n'en sommes pas moins gaies et moins fêtées. »

Taisez-vous, jeunes folles, paraissait dire le numéro 3,063, un buste d'homme en bronze à l'air mélodramatique.

Je n'en voulus pas entendre davantage, et je me levai pour échapper à toutes les ré-

clamations que je voyais poindre à la suite
de celles-là et pour venir vous retrouver ici;
je ne m'arrêtais plus que devant les magnifiques plantes exotiques qu'a su si bien acclimater dans nos contrées mon ami CHANTIN.
Celui-là est pour moi le roi des paysagistes.
Ses paysages n'ont pas la dimension de quelques mètres seulement; ils couvrent mieux
que des toiles, ils couvrent des pays entiers
et des parcs de plusieurs lieues, où, à la volonté des demandeurs, CHANTIN fait surgir
les forêts vierges de l'Amérique et les merveilles du Paradis terrestre.

Nouveau Moïse, il fait jaillir l'eau de la
roche, et l'on dirait que les palmiers, les co-
cotiers, les bananiers, les dattiers sortent
de dessous terre à son évocation!

— Bravo! bravo! pour Chantin. Mais revenons à nos moutons, si tu le veux bien,
ou plutôt aux toiles qui se pressent autour
de nous pour obtenir le *satisfecit* que toutes
prétendent également avoir mérité.

Au milieu des tableaux d'Antigna, que
nous avons déjà décrits, il se trouve une
toile qui peut entrer dans la même catégorie et que nous ne pouvons passer sous silence.

C'est l'*Attente*, de M. ALBERT ANKER.

Vois donc cette femme assise sur la jetée,
tenant son enfant entre ses bras; sa tête est
tournée du côté de la pleine mer. On n'aperçoit qu'un profil perdu et qu'une oreille
ornée d'un anneau d'or de grande dimension.

Mais cela suffit pour que l'on devine l'expression de toute la figure de cette femme de pêcheur, et que l'on reconnaisse que le titre de l'*Attente* donné par le peintre à son œuvre est amplement mérité.

— Ce petit coin de salon a une senteur maritime très prononcée. Nous voici, en effet, dans le golfe d'Antibes. M. Jean d'Alheim, a merveilleusement rendu cette noire falaise se détachant en vigueur sur le ciel lumineux, puis ensuite la silhouette de la côte se perdant dans le lointain.

— Tu as raison ! il y a là de l'air et de la profondeur à donner l'idée de l'infini.

Mais reposons-nous de ces grands effets en contemplant ces deux jeunes femmes. C'est l'œuvre d'un artiste alsacien ; et ceci t'explique pourquoi je m'intéresse aux faits et gestes de ces deux élégantes présentées par lui. Ce sont les *vieilles lettres* reçues par l'une d'elles, et qu'elle passe en revue avec un air dédaigneux qui me la rend peu intéressante.

— Du moment où l'artiste a voulu exprimer ce sentiment, il y a parfaitement réussi.

Cette dame fait bien la mijaurée. Elle tient à passer pour un esprit fort auprès de son amie.

— En effet, celle-ci, qui, probablement, n'a pas eu autant d'aventures, paraît plus émue que la lectrice à la lecture de tous ces écrits passionnés.

Décidément, je la préfère.

En résumé, M. Adorno de Tscharner, de Colmar, a admirablement rendu le satin, les dentelles, les guipures, les colliers et les velours, et, de plus, les poses de ses personnages ne laissent rien à désirer.

— Pour un *bébé*, voici un joli bébé ! Ah ! comme il souffle bien dans son hochet d'ivoire !

M. Anker est là sous un aspect différent de celui sous lequel il s'était montré dans son tableau de l'*Attente.*

— Tenez, mon oncle, voilà encore un tableau de votre compétence.

— En effet, c'est une scène de harem.

De jeunes femmes, et de charmantes jeunes femmes !

Quelle agréable nonchalance, et comme elles s'offrent à nos yeux avec tous leurs charmes, sans la moindre affectation.

Elles s'amusent, les innocentes filles ! à regarder le combat de deux tortues !

— Et qui peut susciter la jalousie de ces deux porte-carapaces ? L'on devrait les croire protégées contre un semblable sentiment.

— Évidemment, ce genre de lutte auquel elles ne peuvent se livrer elles-mêmes satisfait un secret du cœur des spectatrices, et c'est pour cela qu'elles prennent un si grand intérêt à cette lutte que la négresse qui les sert sait si adroitement provoquer.

— Pour moi, le spectacle n'est pas là où elles le cherchent, mais bien sur les divans où elles s'étalent avec une si charmante nonchalance.

En résumé, M. Beyle est un habile homme, qui dessine bien, qui peint admirablement et qui possède à fond le sentiment de la couleur orientale.

Les mêmes qualités se retrouvent dans les deux autres tableaux : *la Collation des perruches* et *la Part du maître*, dans lequel un affreux nègre fait mieux que de mettre son nez sur l'ibis rôti qu'il porte, mais y promène une langue sacrilége.

— Je ne veux rien ajouter à ce que nous avons dit, dans notre première visite, du tableau auquel M. JULES BRETON donne le nom de *la Falaise*, bien que ce soit le portrait par derrière d'une bretonne étendue d'une façon fort peu poétique, sur le ventre, et dont la tête, qui regarde la mer du haut de la falaise, est dans le fond du tableau, tandis que ses pieds, chaussés de lourds souliers, et grossis par la proximité, arrivent au nez du spectateur.

Ce tableau, je suis fâché de le dire, ne rappelle en rien la médaille d'honneur décernée en 1872 à son auteur.

— M. Jules Breton aurait bien mieux fait de supprimer cette figure, et de se contenter de la falaise et de la mer, qui occupe tout l'horizon de son tableau ; il aurait pu avoir le succès bien légitime qui revient à M. ALLONGÉ, pour sa plage, d'où l'on aperçoit une mer sans fin, dont on voit venir, du plus loin que les yeux peuvent atteindre, la succession de flots qui viennent mourir sur la grève.

Ce tableau, sans la moindre figure, est tout simplement splendide.

— Il nous reste à parler pour compléter la description de cette salle, d'une toile devant laquelle la foule s'assemble, et qui est bien réellement un tableau à grand spectacle.

Quelle bigarrure de couleurs ! quel enchevêtrement de bras, de jambes, de têtes, de chars, de litières ! Quelle riche cohue, défilant entre des chars, des portiques, des bornes milliaires et des stèles ! En un mot, quel fouilli ! C'est la *Via Appia au temps d'Auguste*, par M. Gustave Boulanger. L'impératrice Livie, vêtue de la stole aux franges de pourpre et d'or, s'avance dans sa litière, portée par les *lecticarii*, et entourée de *pedissequi* noirs et crêpus qui voudraient bien faire faire place autour d'elle, s'il y avait moyen. Mais le défaut d'espace et les plans mal étagés sur la toile s'y opposent. On voit à côté d'elle la tête d'Auguste, lequel semble être sur un char, dont la place ne saurait exister sur cette *agger viæ* trop exiguë, et où l'artiste a cependant voulu faire passer, allant les uns dans un sens, les autres dans le sens opposé, des cavaliers, des conducteurs de chars et des masses de personnages auxquels le sol manque complétement. Dans la foule se pressent pêle-mêle des pères conscrits, sénateurs, chevaliers, plébéiens, portant la toge nationale, signe distinctif des maîtres du monde, comme l'a dit Virgile :

Romanos rerum dominos, gentemque togatam.

Les femmes circulent aussi sur la promenade à la mode, fardées comme la Sabella et la Fabula du poëte Martial, de céruse ou de craie, ou de ce vif carmin que Plaute appelle *purpurissimum.* La multitude est accrue par les gens qui se rendent aux bains, où la cloche des thermes a sonné, et il faut suivre le conseil de Martial :

Redde pilam, sonat œs thermarum, ludere pergis ?

En somme, règne sur la voie Appienne ce tintamarre qui faisait dire à Horace, dans sa satire VI :

O rus, quando te aspiciam !...

O campagne, quand donc te verrai-je ! quand donc aurai-je le grand bonheur de renoncer à une vie aussi désagréable et aussi tumultueuse ! Quand me sera-t-il permis d'aller oublier dans ton sein les soucis, les inquiétudes qui m'assiégent, en me délectant dans la lecture des auteurs anciens, ou en goûtant le plaisir de vivre dans le loisir et dans le repos !

A l'aspect du tableau de M. Gustave Boulanger, on éprouve la même impression qu'Horace. L'artiste distingué qui vient d'enrichir encore de belles peintures le foyer de la danse du nouvel Opéra est un savant archéologue : il possède son sujet comme feu l'auteur de *Rome au siècle d'Auguste ;* chacune de ses figures est étudiée avec soin, finement dessinée ; mais l'ensemble est confus ; l'air et les plans manquent, ainsi que nous venons de le dire, et les *pedissequi* nègres, avec leur peau de bronze, sont les seuls qui se détachent en relief de cette composition, remarquable d'ailleurs, mais où le peintre semble avoir voulu ajouter après coup des personnages dont la présence n'avait pas été prévue dans son plan primitif.

Incidemment, permets-moi de te dire exactement comment s'établissait une voie romaine.

Sur une largeur de 3 mètres 36 à 4 mètres 60, on creusait une tranchée dont la profondeur variait selon la nature du sol.

Au fond, on étendait un lit de pierres plates ; c'était le *statumen*. On le recouvrait d'un second lit de pierres et de briques concassées, unies ensemble avec de la chaux; c'était le *rudus*. Une troisième couche, le *nucleus*, se composait de sable et de chaux, sur lesquels on posait le pavé, le *pavimentum*, formé de larges dalles.

Le milieu de la chaussée (*agger viæ*) était bombé. Les trottoirs (*crepidines*) étaient bordés de blocs carrés qui en soutenaient l'empierrement. Çà et là, de gros blocs (*gomphi*) servaient de montoirs aux cavaliers. De distance en distance se dressaient les pierres milliaires (*lapides milliariæ*), et, par intervalles, les stèles et les cippes des tombeaux.

Telle était la voie Appienne, qui fut achevée l'an de Rome 442, 312 ans avant Jésus-Christ, par le censeur Appius Claudius Cæcus, dont elle prit le premier nom.

— Je n'attendais pas moins de votre science, mon cher oncle, et notre directeur verra que je ne l'ai pas trompé en lui parlant de votre valeur.

Mais, si nous y allons toujours de ce train-là, il y aura longtemps que l'Exposition sera fermée qu'il nous restera encore de nombreuses salles à parcourir.

Donc accélérons notre course et abrégeons nos discours.

Nous voici à la salle 3 !

Décidément Brissot marche sur les traces de Charles Jacque et s'est livré à de sérieuses études sur la race ovine.

Voici d'abord un troupeau de moutons, par un bel effet de soir d'automne, où le ciel nuageux rappelle si bien les beaux soleils couchants de cette saison.

— Ce pâturage, en effet, donnerait envie d'être bœuf ou mouton afin d'en manger. L'herbe a été revivifiée et rendue appétissante par le nuage qui a crevé tout à l'heure, et qui a laissé de place en place des flaques d'eau.

— Les *Moutons au repos* et la *Lisière du bois*, du même peintre, sont à la hauteur du premier tableau.

— Comment ! revoici des *Bretons !*

— Trois autres tableaux figurent, en effet, sous ce nom ; mais ils ne sont pas du même peintre que la *Bretonne* ; ceux-ci sont d'Emile Breton.

Le *Crépuscule* et la *Nuit d'hiver* sont deux tableaux d'un bel effet. Ce dernier, particulièrement, représente un village enfoui dans la neige, et où les lumières qui illuminent la plupart des chaumières et le clair de lune qui dominent toute cette scène produisent un effet bien réussi.

Quant au troisième tableau, l'artiste aurait mieux fait de ne pas l'envoyer avec les deux autres ; c'est une fâcheuse réminiscence du genre Corot, avec cette différence sur les toiles du maître, que celle-ci ne gagne pas à être vue de loin, d'où elle apparaît aussi confuse que quand on la regarde de près.

Une multitude de taches jaunes couvre toute la toile du haut en bas ; c'est la chute des feuilles ; elles tombent aussi dru qu'une neige épaisse, sans que derrière cette pluie on entrevoie la moindre perspective.

Mais nous touchons aux grandes controverses. Nous voici en présence des tableaux de BONNAT ; tout à l'heure nous arriverons à ceux de Bouguereau ; puis, bientôt après, viendront ceux de Corot.

Eh bien ! plus je revois ce *Christ,* plus je m'explique les nombreuses critiques dont il a été l'objet, et les discussions auxquelles il a donné lieu.

Ce qui me frappe tout d'abord, c'est la confirmation de ce que nous disions au début de cette visite, sur l'absence de sentiment religieux de notre époque, absence constatée ici d'une manière irréfragable par l'absence d'inspiration chez les artistes.

La mention mise par M. Bonnat au bas de son Christ, destiné à la salle de la cour d'assises de la Seine, au Palais de justice de Paris, explique et le soin extrême que le peintre a apporté d'une façon si évidente à l'exécution de son œuvre, et l'absence de cet entraînement qui résulte, pour un artiste, de l'inspiration à laquelle il obéit lorsqu'il choisit personnellement un sujet.

Ici tout le savoir-faire de l'artiste a été absorbé par la forme, et ne se retrouve qu'à un moindre degré dans la pensée.

Ce Christ est bien plus un spécimen de la force physique que de la force morale. Les muscles y occupent plus de place que le sentiment.

Heureusement pour Bonnat, à côté de ce Christ, il a exposé deux petites toiles où il se retrouve avec toutes ses qualités.

Ce sont trois *Filles turques*, et les *Premiers pas*.

— Sont-elles gentilles toutes les trois, malgré leurs petits nez écrasés, qui prouvent qu'elles sont bien les trois sœurs?

Sont-elles amusantes, avec leurs larges pantalons et leurs longues tuniques dont les plis vont les faire tomber ?

L'une est rose de tunique et jaune de pantalon ; l'autre est bleue et rose, et la troisième est jaune et bleue.

Et tout cela est de la plus grande harmonie.

Les trois teintes sont également douces, de sorte qu'il n'y a rien de criard dans ce petit tableau. C'est un bijou !

Quant aux *Premiers pas*, ce sont ceux d'un gros bébé que sa mère, une jolie et vivante Italienne, nous présente, en se montrant fière d'être la mère d'un aussi bel échantillon de l'espèce humaine.

— Bonnat était là dans son élément et ne se sentait pas guindé par un programme officiel.

Je vois, mon cher oncle, d'après la position que vous venez de prendre, assez semblable à celle — soit dit sans vous offenser — d'un chien en arrêt, que vous êtes tombé devant une toile de votre goût.

— Ma foi, oui! Voilà un peintre qui s'est pénétré de son sujet, et qui, évidemment, a fait une invocation à Molière avant de tracer le croquis de cette charmante toile qui représente les *Noces de Georges Dandin*.

— Molière l'a bien inspiré, puisqu'il lui a procuré une troisième médaille.

— Voyons ! n'est-ce pas gai et joyeux, n'est-ce pas bien groupé, bien éclairé, bien disposé, bien arrangé ? Est-il superbe, ce brave Georges, tout couvert de son mirobolant costume de soie jaune, avec son chapeau orné de plumes jaunes et de rubans jaunes, au milieu de ses amis dont la joie communicative gagne jusqu'à messieurs les notaires, tandis que les musiciens descendant l'escalier, qui occupe le fond du tableau, précédent la mariée qui prête complaisamment l'oreille aux propos amoureux de l'adorateur qui l'accompagne.

— C'est, en effet, une jolie composition où M. Louis BRILLOUIN a fait preuve de bonnes et sérieuses qualités; tout y est soigné, et des détails d'ameublement très originaux sont à la hauteur de la fidélité des costumes et du caractère des types admirablement choisis.

Pressons le pas, en rendant justice aux esquisses si bien coloriées de M. FABIEN BREST, représentant le *Pont des Soupirs à Venise* et les *Barques turques sur le Bosphore;* et arrivons à ce beau paysage agreste d'AUGUSTE BONHEUR.

— Pardon ; je désire m'arrêter un instant devant la *Présentation de la mariée*, d'A-

DRIEN de BOUCHERVILLE, jolie scène bretonne ; mais nous reviendrons tout à l'heure sur cet artiste, à l'occasion de son *Patatras!* qui fait mon bonheur.

Ceci dit, je me rends à ton désir, et reconnais que ces *Souvenirs d'Auvergne*, d'AUGUSTE BONHEUR, ont un grand caractère.

En regardant ce beau paysage, ne se sent-on pas en pleine nature ? Il faut que l'air soit bien pur pour produire ces feuillages noirs qui, à leur tour, par l'effet de la réflection, rendent non moins noire cette belle eau si limpide et si transparente. Malgré la rapidité de sa course et l'écume qui la couvre par places, on voit le fond rocailleux sur lequel elle court, et l'on croit voir les truites cachées sous chacune de ces pierres, et prêtes à happer au passage l'insecte que le vent va faire tomber des arbustes qui sortent de la roche. Ce magnifique paysage, terminé à l'horizon par des montagnes ardoisées, sert d'appartement à deux magnifiques vaches, une rouge et une blanche, qui sont là comme chez elles.

— Il est vrai qu'elles ont là un splendide palais.

Pour être d'un genre tout différent, voici un paysage que l'on pourrait, par opposition au précédent, appeller un paysage civilisé, et qui n'est pas non plus sans charmes.

M. MICHEL BESNUS nous le présente comme un *Matin à la Ferté-sous-Jouarre*; il y a là de très jolies eaux, non moins claires que celles de M. Bonheur, mais elles sont accompagnées de ponts, de retenues ; et sur leurs rives verdoyantes se trouvent des troncs d'arbres abattus qui sentent la hache de l'homme et la civilisation.

— Quelle peut être la palette assez riche pour avoir fourni toutes les nuances de ce bouquet de pavots resplendissant, dont les couleurs éclatantes ne sont pas éteintes par le tapis d'un rouge éblouissant qui couvre la table sur laquelle ces magnifiques fleurs reposent dans un pot en faïence d'un bleu non moins vif.

Et tout cela est d'une harmonie parfaite!

— Oh! les fleurs! les fleurs! Sont-ils heureux, ces artistes, qui peuvent en faire pousser en toute saison! car je ne connais rien d'aussi gai, d'aussi réjouissant qu'un beau tableau reproduisant les merveilles et les richesses de l'inépuisable corbeille de Flore.

— Nous venons de nous extasier devant les pavots de M. Brunner-Lacoste. Que dis-tu maintenant de ces fleurs de printemps d'Eugène Bidau? Est-ce touché? Et quels parfums semblent émaner de ces superbes violettes, accompagnées de fleurs de marronniers, d'iris et de roses thé; voilà un panier de fleurs que je serais heureux de pouvoir dérober!

Je propose un vote d'admiration pour les tableaux de M. Bidau, pour celui que nous avons devant les yeux, et pour le *Messager* qui est là à côté, et qui forme son pendant.

— Mais pourquoi cet autre tableau de fleurs porte-t-il ce titre : le *Messager?*

— Ne vois-tu pas sur le bord de la table où ces fleurs sont posées, cette blanche co-

lombe qui porte au cou un message, et qui
ne s'est arrêtée, avant de le remettre à sa
maîtresse, que pour roucouler un instant en
compagnie de son tourtereau si heureux de
la revoir.

—Avez-vous, mon cher oncle, voyagé dans
l'Isère ?

— Ma foi, non !

— Eh bien ! si vous voulez savoir ce que
sont les rochers de l'Isère, contemplez ces
Environs d'Allevard, de M. Bellel : est-on
assez en pleine montagne rocheuse ? Si le
peintre peut nous faire pénétrer par là, ce
n'est qu'en nous faisant suivre le lit du torrent à sec dans cette saison.

Tenez ! restons encore quelques moments
en compagnie de M. Bellel, et, grâce à lui,
nous allons faire un voyage plus rapide que
l'électricité elle-même.

Nous voici, en effet, bien loin de l'Isère,
en pleine province de Constantine, à l'*Oasis
près de Boussâada*. Quelle chance de rencontrer dans cette plaine brûlante cette
source qui va nous revivifier, et d'où s'é-
chappe ce filet d'eau limpide qui va bientôt
se perdre dans les sables brûlants.

— Après une telle pérégrination, c'est
bien le moins que tu me laisses un instant
reposer au milieu de cette *Noce alsacienne*
de Gustave Brion.

— Ah ! vous n'y resterez pas longtemps.
N'entendez-vous pas le *patatras !* d'à côté
qui vous appelle ?

— C'est ma foi vrai !

Cette scène, reconnais-le, est d'un comique achevé ? quel étonnement dans la figure de cette pauvre cuisinière, qui le matin même a si bien frotté le parquet, sans se douter qu'elle en serait la première victime. Son poulet rôti qui gît à côté d'elle, et certaine partie charnue qui a amorti le coup, font les frais de cet excès de cire dont sa maîtresse semble prête à lui demander compte, tandis que Monsieur, devant qui la glissade a été faite, rit à se rompre les côtes de tout ce *patatras*.

— Il n'y a que vous pour découvrir ces sujets passablement réalistes ; mais j'avoue que je ne suis pas fâché que vous ayez attiré mon attention sur ce second tableau de M. DE BOUCHERVILLE, qui a très bien peint cette petite scène d'intérieur, et dont la fine touche se fait remarquer dans tous les détails de cette toile.

Mais nous voici de nouveau devant un des lauréats de l'année, M. PAUL BESNARD, dont le tableau que nous avons sous les yeux représente l'*Automne* sous la figure d'une belle brune dont les contours, chauds de ton, superbement arrondis, mais sans excès, annoncent l'état de maturité et de fécondité.

Ce n'est toutefois pas là le tableau qui a valu à M. Besnard sa médaille. Il la doit à un charmant portrait de jeune personne, qui est peint avec une suavité dont l'artiste a trouvé le secret dans le modèle qui posait devant lui.

La face est éclairée d'une façon merveilleuse. Toute la lumière se trouve réunie sur l'une des deux joues, tandis que l'autre moitié du visage, plongée dans l'ombre, laisse cependant voir tous ses détails, grâce à des demi-teintes très savamment exécutées et à un modelage parfait dans ces demi-teintes.

— Puisque nous parlons portrait, il ne nous est pas permis de passer sous silence ceux de Bonnegrace, qui ont un aspect vivant et frappant de naturel et de vérité.

— Il y a toujours foule devant ce tableau de Biard. « Monte-t-il? descend-il? » se dit-on dans la foule. En effet, ce tableau représente un officier de marine suspendu dans l'espace au-dessus de la mer béante, au bout d'un câble que des marins tiennent sur une roche qui surplombe.

— Qu'est-ce que cela ?

— Je vais te le dire : c'est le capitaine Pléville ; il est amputé de la jambe droite. N'ayant pu décider personne à porter secours à un navire anglais en perdition, le capitaine s'est fait attacher par un câble, et c'est par ce chemin qu'il va pouvoir arriver à bord du navire qu'il parviendra à sauver.

— Voici encore deux paysages qui méritent que nous les notions : le *Gave d'Ascain, près de Saint-Jean de Luz, dans les Basses-Pyrénées*, par M. Amédée Baudit, d'une très belle exécution, et les *Environs de Valence*, de M. Balfourier. Ce dernier est parvenu à faire un paysage des plus harmonieux, malgré la crudité des tons qu'il a dû employer. Il y a, en effet, dans ce tableau des arbres dont le feuillage est presque noir et des roseaux auxquels leur état de maturité a donné une teinte dorée. L'habileté de l'artiste a consisté à ménager dans des arrangements de lianes, de plantes à grand feuillage, et même de fleurs, une dégradation entre les couleurs accentuées dont nous parlions tout à l'heure et les teintes vert tendre du gazon qui occupe les premiers plans de son tableau.

Devant la *Mare du Village*, de M. ALEXANDRE BOUCHÉ, il n'y a qu'un mot à répéter : Vrai ! vrai ! vrai !

VIII

SUITE DE LA PEINTURE

Un beau *heath-cock!* — Gibier tué au poignard. — MM. Paul Colin, Billet, Brunet-Houard, Bouguereau, Bernier, Claude, Bonvin, Baron, Berthelon, Bernard, Busson. — Vénus Astarté! — Le Salon de 1874. — Après le coup de feu! — La Fontaine du couvent. — Devant le cadavre de l'exécuté. — Souvenir à Chintreuil. — Au Grand-Salon! — Les paysages de Corot.

Je suis sûr, mon cher Nestor, que jamais, dans toutes tes chasses, tu n'as rencontré un aussi beau coq de bruyère que ce *heath-cock*, exposé par M. Félix Clouet. Quel bel animal ce devait être lorsqu'il était vivant, car malgré le fâcheux état auquel il est réduit, il n'en a pas moins conservé un port majestueux et un plumage qui semble gonflé encore par la chaleur de la vie.

Mais à quelle chasse a-t-il donc été tué, pour n'avoir pas été plus abîmé?

— Parbleu! vous le voyez bien, il a été tué d'un coup de poignard.

— En effet, je me demandais pourquoi

cette épée et ce poignard placés par M. Clouet
sous la victime! Mais M. Clouet a des procédés à lui personnels, car dans le tableau
qui fait pendant au coq de bruyère, voici un
faisan, un lièvre, une perdrix rouge et une
perdrix grise qui sont joliment bien conservés, malgré le temps depuis lequel tout
ce gibier est tué.

— Mais à quoi voyez-vous qu'il y tant de
temps que cela?

— Comment, tu ne vois pas à cette magnifique poire à poudre, qu'ils ont été tués
avant la découverte du fusil Lefaucheux?

— C'est ma foi vrai! C'est égal! c'est joliment peint!

— Si, par le temps caniculaire qu'il fait,
quelqu'un pouvait avoir encore besoin de
soleil, pour guérir ses rhumatismes, je lui
conseillerais d'aller s'accoter au long de cette
cabane! Doit-il faire chaud le long de ce
mur! et cependant, comme l'herbe et le
feuillage sont d'un beau vert à côté de lui!
On voit, d'après la netteté de ce tableau,
qu'en cet endroit l'air est non moins franc
et pur que la lumière.

— Parbleu! nous sommes en présence
d'une habitation de pêcheurs, à Yport (Sei-
ne-Inférieure); et malgré la chaleur du soleil, l'air de la mer introduit une fraîcheur
qui rend la nature luxuriante et pleine de
santé. M. Paul Colin n'a eu qu'à copier
cette nature, mais il a su faire une très belle
copie.

Tenez, mon cher oncle, voici un tableau
qui me rend fier de ma perspicacité! A pre-

mière vue, il semble terne. On ne se sent pas disposé à s'arrêter devant lui, parce qu'il manque d'effet.

Eh bien ! c'est un des tableaux qui m'avaient le plus frappé depuis quelque temps; j'ai profité du banc placé justement en face de lui pour m'arrêter et le contempler plus à l'aise.

Ce tableau vient d'obtenir une deuxième médaille. Il représente les *Ramasseuses de bois.* Elles sont au repos.

Regardez-les avec attention ! toutes ces femmes sont d'un admirable dessin ; on sent qu'il y a des corps sous ces costumes sans élégance ; on comprend que M. PIERRE BILLET a dessiné chacun de ses personnages nu et d'après nature avant de les avoir vêtus. Si ce tableau avait un peu d'effet, ce serait une des merveilles du salon.

En pendant, le même peintre a envoyé les *Fraudeurs de tabac.* Ces fraudeurs sont une troupe de chiens dirigés par des conducteurs qui galopent, comme eux, à travers la neige.

— A notre première visite, quand il n'y avait pas encore de livret, nous avions remarqué ces intelligentes bêtes, en croyant qu'il s'agissait d'une poste aux chiens ; mais je partage ton admiration pour les *Ramasseuses de bois,* qui valent peut-être mieux. Je ne dédaigne pas non plus cette *Cour de Ferme,* de M. BRUNET-HOUARD, toute pleine, elle aussi, de soleil, et où l'harmonie et la fraternité semblent régner entre les chevaux, vaches, chiens, chèvres, poules et pigeons qui y prennent leurs ébats.

—Plus je regarde cette grande figure de la *Charité*, peinte par BOUGUEREAU avec un grand savoir-faire, plus je suis surpris de la froideur dans laquelle me laisse cette peinture. Cette *Charité* est une très belle femme, et les dèux enfants qu'elle tient endormis entre ses bras sont gras et bien portants.

Que manque-t-il donc à ce tableau ?

— Tu viens de l'indiquer, ces enfants sont trop beaux et trop redondants pour qu'on s'intéresse à eux comme à de pauvres petits êtres abandonnés et manquant de tout. Quant à la charité, pourquoi a-t-elle cet air triste et qui ne concorde nullement avec les gaies couleurs de son costume, non plus qu'avec la noble mission qu'elle remplit ? Ne devrait-elle pas avoir un air de satisfaction et de contentement, et se montrer joyeuse du fruit de ses efforts. La physionomie mélodramatique et assombrie que lui a donné le peintre, contribue à produire l impression que tu éprouves.

— En réalité, en effet, cette Charité semble attendre qu'on la lui fasse.

— Regarde cet autre tableau, du même peintre : *Homère et son guide*. Ce tableau, je le vois, te laisse aussi froid que le précédent.

— Absolument ! Il ne me dit rien.

— Le troisième, les *Italiennes à la fontaine*, me plaît davantage. Il y a au moins de l'expression dans ces têtes d'Italiennes. Le sujet manque un peu d'intérêt et de grandeur, mais cette fois la jolie et brillante peinture de M. Bouguereau n'est pas contristée par la figure des personnages.

— Après cette grande peinture, on a besoin de se reposer dans le paysage. En voici
un qui vient bien à point. Venez, mon oncle,
un peu au frais, le long de cet *Etang en
Bretagne*, de M. CAMILLE BERNIER.

— Le rafraîchissement serait complet si
tu pouvais me passer un peu de cette *Cueil-
lette du matin*, de M. EUGÈNE CLAUDE : quelques-unes de ces fraîches et appétissantes
groseilles, ou bien encore un bouquet de ces
prunes dont le velouté immaculé prouve
qu'elles n'ont pas encore été même effleurées
par des doigts indiscrets.

Comment ces enfants de l'*Ecole des frères*
de BONVIN peuvent-ils rester aussi sages et
aussi studieux à côté de ces fruits appétissants et tentateurs ?

— En effet ! au premier rang surtout est-
on attentif ! Ce sont évidemment les plus
studieux. Ils sont tout à leur lecture, ou à
la page d'écriture qu'ils tracent.

Le second rang en prend un peu plus à son
aise.

Au troisième rang, en voici un qui, se
croyant à l'abri de la vue du professeur, a
fait une voiture de son livre, qu'il traîne à
terre avec une ficelle.

— Ce qui m'amuse particulièrement, ce
sont ces bonnes grosses têtes, toutes tondues,
de la petite classe, réunies autour du moni-
teur, qui leur montre les lettres avec son
bâton ; et ce petit bonhomme, dans le fond,
qui fait claquer ses doigts pour indiquer certain besoin qui le presse et l'oblige à demander de cette façon la permission de sortir.

— M. Bonvin a fait là de la bonne peinture, de même que dans son *écureuse*, qui est vigoureusement touchée. On comprend qu'on est au samedi, et que le lendemain tout doit briller au cabaret: pots, chaudrons, bouilloires. Elle n'y va pas de main morte, car elle a fort à faire.

— Eh! eh! voici du beau monde! Son Eminence met pied à terre chez ses neveux et chez ses nièces. C'est du vrai Baron! du vrai et du bon Baron!

Ce petit tableau a toutes les qualités du maître, et son paysage est non moins frais, non moins élégant que les toilettes de toutes les figures qui se remuent dans ce paysage. On entend les frou-frous de la soie, et on respire les parfums de ces dames.

— Par cette chaleur, nous ne pouvons nous dispenser de nous arrêter un instant avec les *Chasseurs sous bois*, de Berthelon, ou bien de nous désaltérer dans ce torrent glacé qui descend du mont Aiguille, dont M. Armand Bernard a transporté ici un portrait qui paraît d'une exactitude parfaite. Il doit faire aussi bien frais dans les anciens fossés du *Château de Lavardin*, près de Montoire, ombragé d'arbres dont les feuilles n'ont pas encore été brûlées par cette chaleur.

M. Busson est un tentateur; mais nous n'avons pas le temps de nous attarder sous ces arbres, pourtant si attrayants.

D'ailleurs, nous serions mieux encore au frais à côté de toutes ces femmes de pêcheurs qui attendent le retour de leurs maris et de leurs fils, et qui reçoivent la brise de la mer, où l'on aperçoit au loin les voiles des embarcations attendues.

— Eh bien! passons à la salle n° 5 ; mais cependant n'oublions pas ces deux portraits de Mme HENRIETTE BROWNE, qui semblent vouloir nous dire un mot au passage, tant ils paraissent vivants et tout prêts à parler!

— Quoi! mon oncle, en entrant dans cette salle, vous n'êtes pas de suite attiré par cette *Vénus Astarté*, qui,

> ... Fille de l'onde amère,
> Secouait, vierge encor, les larmes de sa mère
> Et fécondait le monde en tordant ses cheveux.

—Non! malgré les charmes qu'elle me présente et la fraîcheur de toute sa personne, je ne me sens pas disposé à m'aventurer en sa compagnie sur l'onde amère. Ce plancher liquide qui la porte n'est pas de ceux sur lesquels j'aime à me risquer. Je laisse cette *Vénus Astarté* aux décorations pompéiennes pour lesquelles elle a été destinée, et je préfère, comme dit le vulgaire, le plancher des vaches.

J'aime bien mieux m'arrêter à cette partie de boules, à laquelle prend part ce gros abbé qui relève sa soutane, et qui fait le bonheur de ces princesses élégantes qui étalent au soleil leurs somptueux costumes de satin et de velours. Quel harmonieux effet de lumière BARON a jeté au milieu de tout cela! Et ces charmantes personnes attireraient bien mieux mes hommages que cette froide *Astarté*, malgré sa nudité.

— Voici peut-être le tableau le plus origi-

nal du Salon. C'est celui exposé par M. Ca-
baillot-Lassalle, sous ce titre : le *Salon
de 1874.*

Dans ce tableau, en effet, qui se trouve
représenter un coin du Salon, se trouve la
reproduction du *Soir* de M. Corot, portant
le n° 459; d'un portrait de Mme Henriette
Browne, portant le n° 274; d'une *Charrette*
de M. Veyrassat, portant le n° 1,781; de la
Pêche à la ligne de M. Dutzschold, portant le
n° 675 ; d'un *Moulin à vent* de M. Richet,
portant le n° 1,858, et de plusieurs autres
tableaux dont chacun est peint sur cette
toile par l'auteur de l'original.

— Voilà en effet un tableau sans pareil.

Mais, chut! ne réveillons pas ce superbe
chef, qui dort sur ses lauriers, après le coup
de feu.

— Il faut croire que c'est un chef de grande maison, car ses culottes blanches sont
des culottes courtes, qui laissent voir, étalée
devant le feu, une paire de mollets bien
construits.

— Avant de se livrer à cette sieste, il a
pris son café, ainsi que l'attestent cafetière
et tasse qui se trouvent sur la table. Evidemment, le chat qui veille sur la chaise
placée à ses côtés a pris part au festin.

Mais, ne trouves-tu pas que ce qu'il y a
de plus amusant dans ce tableau, ce sont ces
deux petits marmitons à l'air mutin, qui
sourient malicieusement en récurant sous
l'âtre les marmites qui leur ont été confiées,
mais ils n'osent parler, de peur de recevoir
les calottes qui leur reviendraient s'ils ré-

veillaient leur professeur en roux et assai-
sonnements.

— Ce tableau est non-seulement très amusant, très bien composé, mais il est parfaitement peint.

M Edouard Castres, son auteur, était
digne de la médaille de deuxième classe, qui
lui a été décernée, d'autant plus que ses deux
autres tableaux ne sont pas inférieurs à celui
dont nous venons de parler. L'un, les *Tsiga-
nes en voyage*, représentent une voiture de
bohémiens traversant un pays couvert de
neige, sur le fond blanc de laquelle se détachent les costumes à couleurs tranchantes de
ceux et de celles qui n'ont pu trouver place
dans le véhicule, ainsi que la pelure noire
des deux ours muselés qui ferment la marche de la caravane.

L'autre, la *Fontaine du couvent*, qui figure dans le grand salon carré, fait venir la
sueur au visage du spectateur qui s'arrête à
la contempler ; il y a queue de moines couverts de robes brunes, et d'Italiennes aux
costumes pimpants, le long de la fontaine,
qui sort de l'une des roches qui servent de
base au couvent. Le soleil est si ardent que
les moines eux-mêmes font usage, en guise
d'ombrelles, de vieux parapluies rouges ou
verts ; au centre du tableau se trouve une
carriole qui amène en visite chez les bons
Pères un simple curé très guindé et tout de
noir habillé, à côté duquel est installée une
accorte ménagère. Les chiens, les poules,
les canards, accourent en même temps que
les bipèdes, au bruit argentin que fait l'eau

en sortant de la fontaine ; et un pigeon lui-même, planant sur ce tableau, s'obstine tellement à vouloir aussi se désaltérer, que son ombre a le temps de dessiner sa forme, munie d'ailes, sur le sable ensoleillé de la route.

Tout en haut du couvent, un bon père a l'air de se délecter au souffle rafraîchissant de la bise qui règne à cette plus grande hauteur, tout en jetant un regard de commisération sur la foule qui cuit à ses pieds.

— Et l'âne ! et l'âne ! il ne faut pas oublier l'âne ! il braie pour qu'on ne l'oublie pas.

— Voilà du plus sérieux, le *Défilé devant le cadavre de l'exécuté*, par M. Emile Bayard. Il fait un temps atroce ; le jour est à peine levé ; l'eau tombe à torrents, et les pelotons passent les uns après les autres en pataugeant dans la boue.

Tous les hommes qui les composent font preuve d'une vive émotion. Les uns la trahissent en détournant la tête, les autres en jetant un regard effaré sur la victime de la discipline militaire étalée au premier plan, au pied du poteau d'exécution.

Le second tableau de M. Emile Bayard, est un souvenir pris sur le vif pendant le siége de Paris. Une voiture d'ambulance à la croix blanche et rouge transporte les blessés, tandis qu'une longue file de chevaux amaigris suit le chemin de l'abattoir.

— C'est saisissant !

Accordons un instant à cette exhibition des dernières œuvres de feu Chintreuil : *Les bosquets aux chevreuils*, la *Route blanche* et le *Bruly*, trois tableaux où se retrouvent toutes les qualités du défunt.

— Il faut encore noter dans cette salle les deux paysages orientaux de M. Honoré Boze. Cet artiste connaît parfaitement les tons chauds de ces contrées. Ce n'est pas étonnant! il est né à l'île Maurice, et il sait ce que c'est que la chaleur.

— Nous arrivons au Grand-Salon, dont la moitié seulement nous appartient en ce moment.

L'autre partie sera visitée par nous quand nous parcourrons les salles situées au midi, dans lesquelles elle est comprise.

Du reste, quelques grands tableaux occupent la majeure partie de cette salle, et la plupart n'offrent qu'un intérêt secondaire.

Nous en excepterons le *Saint-Sébastien* de M. Courtat, jugé digne d'une médaille, et qui est réellement un beau morceau de peinture; puis *la Mort d'Abel*, de M. Pierre Cabanel.

— En effet, voilà un tableau qui mériterait un long examen, car il renferme de grandes qualités. L'artiste a choisi admirablement le type de son Abel, qui occupe le premier plan du tableau et qui, par la blessure béante d'où s'échappe son sang, intéresse le spectateur autant que par l'attrait de toute sa personne et l'élégance de la pose qu'il a conservée malgré la mort.

Ne trouvez-vous pas, mon oncle, que Daubigny en a pris un peu à son aise dans la *Maison de la mère Bazot à Valmondois (Seine-et-Oise)*?

— Mon opinion était de le passer sous silence, pour ce tableau, et de ne parler que de son *Champ de coquelicots*, qui est réellement une merveilleuse chose, bien que Daubigny s'habitue à peindre à grands coups de brosse des tableaux qu'il ne faut pas voir de trop près.

Mais son fils Karl a maintenu cette année l'honneur de la maison et il y a gagné une médaille. Sa *Ferme de Saint-Siméon, à Honfleur*, où de larges pommiers étalent leurs fleurs printanières, est tout ce qu'on peut voir de plus frais, de plus joli, de plus gai et de plus vivant.

Mentionnons, en passant, les *Carpes de Fontainebleau*, de M. Pierre-Charles. Comte, brillant tableau où sont merveilleusement rendus les costumes du seizième siècle; la *Villa Torlonia*, de M. Joseph Castiglione, tableau également très élégant et d'un grand coloris; la *Mare aux Fées* (forêt de Fontainebleau), superbe effet d'automne, de M. Léon Belley.

L'*Adam et Eve*, en costume normand, de M. Compte-Calix.

— Il a eu là une singulière idée; mais l'exécution est jolie. Cette fraîche Normande coiffée d'un élégant bavolet est, après tout, une assez agréable Eve; mais qu'elle y prenne garde! le cheval sur la croupe duquel elle est montée pour saisir la pomme qu'elle convoite pourrait faire un écart et la précipiter sur les pierres qui bordent la route.

— Oh! M. Compte-Calix a prévu le cas, et il n'a confié son Eve qu'à un Adam très

bon écuyer, et à la façon dont il tient la bride
de son cheval et dont il l'éperonne, on voit
qu'il est sûr de sa monture.

— Nous ne saurions omettre de mentionner la *Conversation*, devant laquelle il y a
toujours affluence d'amateurs.

— C'est, en effet, un gai sujet très bien
traité par M. JOSEPH CARAUD. Cette servante
accorte, en train de laver dans une cuvette
les dentelles de sa maîtresse, cause bien avec
ce matou qui fait le gros dos sur la table en
se frottant à elle. On entend son ronron. Mais
prenons un instant de repos ; venez respirer
au dehors.

— Vous me demandiez, mon cher oncle,
pourquoi ce temps d'arrêt, et pourquoi,
avant de passer outre, je vous avais engagé à
venir respirer un peu l'air plus frais des
Champs - Elysées ; pourquoi, particulièrement, je vous avais invité à examiner attentivement les arbres et les massifs que nous
avions devant nous, et à vous rendre compte
des détails de leurs feuillages, dont les dé-
coupures et les portions en pleine lumière
ne nuisent nullement à l'harmonie de l'ensemble ?

C'est que nous touchions à l'un des moments les plus délicats de notre tâche ; c'est
que nous allions nous trouver appelés à dire
notre sentiment sur un des talents les plus
exaltés et les plus contestés en même temps
de l'école moderne, sur un des hommes les
plus entiers — (je ne dirai pas les plus entê-
tés) — et les plus persistants dans un système qui tend, en réalité, à troubler l'esprit

et le jugement d'une partie de notrē jeune
génération artistique.

Nous voici en présence des paysages de
M. Corot.

Cela ressemble-t-il le moins du monde
à ce que nous venons de voir?

Répondez-moi avec une entière franchise.

— Evidemment non, je le reconnais.

Mais ce que nous avons vu n'est pas non
plus la nature laissée à elle-même; c'est une
nature parée et arrangée.

— Oui, cela est vrai; mais ne parlons pas
pour le moment, si vous le voulez, des vastes horizons, des ciels à perte de vue de la
campagne, ne nous occupons, pour l'instant,
que des feuillages, qui se comportent de la
même façon aux Champs-Elysées que partout ailleurs, et qui, à la distance où l'on
voit les premiers plans, présentent certains
détails plus apparents, plus éclairés les uns
que les autres, et où les feuilles qui forment la contexture extérieure des arbres,
détachent leurs silhouettes arrêtées et lumineuses sur les fonds noirs des arrière-plans.

Eh bien! dans ces tableaux, trouvez-vous
rien de pareil!

Pouvez-vous prendre pour la représenta-
tion de ce que vous venez de voir, ces taches
jetées au hasard et qui n'accusent aucune
forme précise?

— Corot ne veut pas être vu de si près;
c'est lorsque vous êtes arrivé à une certaine
distance où vous ne distinguez plus rien dans
les détails, que vous remarquez une imita-
tion réelle de la nature dans son ensemble.

— Oui, je connais cette explication.

C'est quand on n'y voit plus rien que, l'imagination aidant, on trouve là toute espèce de merveilles.

Cela me rappelle ceux qui restent en contemplation devant les nuages, et qui prétendent rencontrer dans ce spectacle les plus belles formes et les plus beaux modèles, dont le dessinateur et dont le statuaire devraient s'emparer, s'ils ne passaient pas si vite.

Tout cela, c'est de la convention !

Mais la nature a placé sous nos yeux des détails dont il n'est pas permis au peintre, plus qu'à tout autre mortel, de s'affranchir.

Sommes-nous jamais, lorsque nous admirons un beau site, placés à des distances qui suppriment ces détails, et ne laissent subsister que des masses ?

Cela peut être parfois, mais ce n'est que l'exception.

Et la réalité veut que les premiers et seconds plans que nous avons devant nos yeux soient autrement accusés que les derniers plans qui se perdent dans une pénombre de nature à faire ressortir les contours nets et précis des premiers plans ; de même que les contours nets et précis des premiers plans doivent leur valeur aux fonds estompés. Et puis, pourquoi toujours cette couleur blafarde, ce blanc d'œuf qui assourdit tous les tons et remplace le vernis adopté, non sans motif, par tous les peintres ?

— Corot prétend voir la nature ainsi ; et de fait ne te souviens-tu pas d'avoir souvent vu, le matin, des teintes de ce genre répandues dans l'espace et formant comme un voile sur la nature?

— Oui, cela est vrai, et je suis de trop bonne foi pour ne pas reconnaître que je me suis souvent arrêté devant ces effets, où j'ai retrouvé cet aspect que présentent invariablement tous les tableaux de ce maître.

Mais cet effet n'est pas continuel dans la nature comme chez lui, c'est un des mille aspects sous lesquels elle se présente. Or un peintre qui prétend imiter la nature doit l'imiter dans toutes ses variations.

Chez le peintre dont nous nous occupons, qu'il s'agisse du matin, du midi ou du soir, c'est toujours la même chose, c'est toujours ce même effet terne et blafard.

—Mais que veux-tu? Cet effet est compris et admiré par le public, puisque Corot se voit arracher toutes ses toiles, dès que quelques coups de pinceau jetés par lui ont produit cet effet.

— Cela est vrai, et cela est fâcheux.

L'étrangeté de cette peinture a d'abord surpris le public; puis elle l'a capté par son caractère insolite et par la persistance de celui qui a eu le talent de la lui imposer. Et c'est là son vrai talent!

C'est devenu un engouement, à tel point que ceux qui osaient le contester ont été pris pour des blasphémateurs.

La mode s'en est mêlée, et cela est si vrai que les tableaux portant la signature *Corot*, ont été enlevés par centaines; que dis-je, par centaines? par milliers, alors qu'il est bien certain que le nombre des amateurs n'atteint pas de telles proportions.

Il n'y a pas à plaisanter avec la mode !

Ne voyons-nous pas tous les jours une foule d'élegants et d'élégantes, qui, après avoir protesté contre l'introduction d'une coupe de vêtements plus ou moins ridicule, finissent tous et toutes par l'adopter ?

Telle est l'histoire de la peinture de M. Corot, dont les imperfections sont devenues des qualités, à tel point qu'il s'est vu contraint de les accentuer de plus en plus, sous peine de perdre son prestige et de voir nier son talent.

Aujourd'hui, ce n'est plus à M. Corot qu'il faut s'en prendre ; c'est au public.

—'Tu n'as peut-être pas complétement tort. Toutefois, il y a de grandes qualités chez cet artiste, dont les tableaux sont pleins d'air.

— Oui, à distance.

— Tu es trop sévère, mon cher Nestor. Le succès de Corot est, en somme, un *satisfecit* que lui a donné le public, et ce *satisfecit* a sa valeur.

M. Corot a eu l'audace, je le veux bien, de se présenter avec une nouvelle manière de rendre la nature ; mais il y a un proverbe qui est plus vieux que lui et que nous : *audaces fortuna juvat.*

— Cela est vrai : M. Corot a eu de l'audace ! il a eu l'audace de transporter au Salon, et de réduire aux proportions de petites toiles, les procédés employés par les peintres de décors.

M. Corot n'est, à mon avis, qu'un pla-

giaire des Diéterle, des Cicéri, des Déplé-
chin, des Cambon, de tous ces artistes qui
ont su produire de si grands effets à grands
coups de brosse.

Voilà l'audace de M. Corot.

Elle est grande !

Mais méritait-elle les ovations qui ont été
faites autour d'elle ?

J'ignore si le Diéterle qui a exposé des
paysages est le fils ou le parent du décora-
teur, mais, quand vous verrez tout à l'heure
les tableaux qu'il a envoyé au Salon, vous
trouverez là, je le pense, des paysages d'un
excellent effet, où les arrière-plans sont traités très largement, mais où les touches des
premiers plans sont toutes à leur place, et
consentent à être vues de près.

En résumé, ce que je trouve d'admirable
chez M. Corot, c'est le talent qu'il a eu, et
qu'il a, d'avoir élevé son art à la hauteur
d'une grande industrie et d'une très habile
exploitation.

Quant à sa gloire future, profitera-t-elle
de cette fécondité sans précédents? C'est ce
que je ne me hasarderais pas à prédire.

Ceci dit, comme thèse générale, je dois dé-
clarer que M. Corot a tenu à se montrer aussi
parfait qu'il lui est donné de l'être, dans les
trois tableaux qu'il a envoyés cette année au
Salon, et qui forment un heureux contraste
avec trop de toiles portant sa signature qui
se sont vues dans beaucoup de ventes de cet
hiver.

IX

SUITE DE LA PEINTURE

Jeunes paysagistes.— M. Daliphard.—MM. Cabanel, Cambon, Clays, Cermak, Dantan, Chavet, Delaunay, de Curzon. — La légende de Dibutade. — Les marionnettes napolitaines. — MM. Castan, Cossmann, Diéterle, Dubufe, Cibot, Cordouan, Claude, Victor Dupré. — L'honneur de la famille.

— Au début de cette nouvelle salle, nous nous trouvons en présence d'une série de jeunes paysagistes, chez lesquels l'étoffe ne manque pas, et qui se montrent de taille à conserver à l'école française la première place qui lui appartient incontestablement, s'ils savent se soustraire aux trop grandes facilités d'exécution qui ont déjà perverti le talent de quelques-uns; mais ce qui doit nous rassurer, c'est qu'ils paraissent s'inspirer plus des leçons de la nature que de celles d'une école quelconque.

Ainsi a fait M. CHARLES DESHAYES qui a exposé trois belles reproductions des *Étangs de Villebrun,* des *Cascades de Cernay* et de la *Vallée de Cernay* (Seine-et-Oise).

Ainsi a fait M. CAMILLE DELPIT dans sa *Matinée de printemps* d'Auvers.

Ainsi a fait M. GUSTAVE CASTAN, dans son vigoureux *Intérieur de bois à Gargilesse* (Creuse).

M. CÉSAR DE COCK a su choisir aussi des sites pittoresques ; mais on croirait qu'il se sert de lunettes vert-tendre pour donner à ses paysages, herbes et feuillages, une couleur qui semble composée d'épinards délayés dans du lait.

Heureusement, par sa *Cour de ferme de Gasny,* qui n'a que le défaut d'être un peu trop à l'état de croquis, il a prouvé qu'il pouvait accentuer sa peinture à l'aide d'autres tons.

M. XAVIER DE COCK emploie le même vert que son frère César ; mais il cherche à corriger ces teintes blafardes par un repiquage en noir, qui a l'inconvénient de paraître trop cru, et de ne pas ménager les transitions.

On pourrait lui reprocher de saupoudrer de trop d'assaisonnement et surtout de trop de poivre la sauce verte qui paraît être de prédilection dans la famille.

Il faut toutefois rendre justice à son tableau des *Vaches,* venant boire à la rivière sous bois, d'une heureuse composition et d'un aspect très agréable.

M. DALIPHARD se présente également avec une exposition d'une grande originalité. *La Seine au bac de Juziers,* qui s'offre d'abord à nos regards, serait un tableau parfait si les vapeurs qui s'élèvent de la rivière étaient plus vaporeuses et ne formaient point une série de taches.

— Si tu m'en crois, comme le temps et l'espace nous pressent, nous parlerons tout de suite des deux autres tableaux de M. Daliphard, bien qu'ils soient dans la salle suivante.

En t'attendant, j'étais allé les examiner, et je puis dire de suite l'impression très favorable qu'ils ont produite sur moi.

Il y a d'abord une *Vue du chevet de Notre-Dame de Paris* pris de nuit et par un temps de neige, avec un effet d'éclairage au gaz qui est très réussi. Un bateau-mouche jette, en passant, les flocons de sa vapeur blanche qui se détachent, avec grand effet, sur le fonds gris-noir du tableau.

Mais le tableau capital de ce peintre est sans contredit le *Printemps au cimetière, souvenir de Normandie.*

Les tombes sont perdues au milieu des hautes herbes et des fleurs de la campagne ; et des arbres tout couverts de fleurs forment berceau au dessus d'elles.

Le contraste que présente, au milieu de cette nature vivante et parée de fleurs, l'extrémité des croix de bois noir, qui en émergeant de l'herbe odorante dont toutes les tombes sont couvertes, rappellent que l'on est dans le champ du repos ; ce contraste est d'un effet saisissant, mais qui n'évoque cependant aucune idée attristante.

Après tous les portraits qui ont fait la réputation de M. Cabanel, que pourrait-on diré de neuf au sujet de ceux exposés cette année par cet artiste? Quant à sa *Première extase de saint Jean-Baptiste*, c'est une belle étude, mais son personnage a quelque chose de malheureux qui ne répond pas à l'idée que l'on se fait de ce précurseur du christianisme.

— Je préfère l'*Abel* que tu m'as fait remarquer dans le grand salon et qui est de M. Pierre CABANEL, le fils, je crois, de l'auteur de ce *Saint Jean-Baptiste.*

Mais voici un tableau de M. ARMAND CAMBON, qui est bien peint et qui est tout une idylle : *comme on s'aime, le soir et le matin de la vie!*

D'un côté, un jeune couple plein d'ardeur dans ses déclarations d'amour sans fin; de l'autre un bon vieillard tenant affectueusement dans sa main celle de la compagne qui l'a aidé à gravir jusqu'à cette heure les sentiers ardus de l'existence.

— Quel ton vous prenez, mon cher oncle, en cette circonstance !

On sent dans ce ton que votre métier de célibataire a laissé dans votre cœur quelques places vides.

— Ah! bah! la vie n'est-elle pas comme ces deux navires de M. PAUL-JEAN CLAYS, tantôt au calme plat, tantôt aux coups de vents !

Un bon navigateur qui se lance dans les aventures doit être léger de bagages.

Sais-tu que c'est un habile homme que M. PAUL-JEAN CLAYS et qui se montre aussi coloriste dans son calme plat que dans son coup de vent?

Admires-tu le bel effet de ses voiles diversement teintées et comment l'eau qui porte ses barques n'a pas la couleur monotone que lui donnent la plupart des peintres de marines.

Toute la palette de l'artiste se retrouve dans ces flots mordorés et chatoyants.

Mais voici deux noires prunelles qui depuis quelque temps m'attirent. Que fait cette magnifique créature dans un endroit aussi escarpé ?

— C'est un rendez-vous dans la montagne du Monténégro, et il n'y avait que IAROSLAV-CERMAK pour aller découvrir un tel lieu de rendez-vous. Le moindre faux pas peut vous précipiter du haut de ces pics dans des gouffres à perte de vue, et il faut avoir le jarret solide pour pénétrer dans ces défilés.

— J'avoue que, malgré l'effet fascinant de ces deux grands yeux et tout le charme répandu sur toute cette belle personne, je ne me soucierais pas de m'y aventurer.

Aussi je détourne vite mes regards, pour les porter sur un sujet moins captivant.

— Justement, voilà votre affaire !

Ce tableau de M. DANTAN va vous calmer, bien qu'il ait été honoré d'une médaille.

— Quoi ! on a médaillé ce moine qui, ainsi que l'a très bien démontré Cham, semble avoir posé ses jambes sur l'établi devant lui, afin de les sculpter, tandis que tous les ciseaux, tous les marteaux, accrochés à la muraille, s'avancent au premier plan, ainsi que les bibelots qui sont pendus à côté d'eux, et laissent sa figure en arrière !

Ne dirait-on pas qu'il y a eu parti pris d'intervertir l'ordre naturel des plans?

— Je ne comprend pas pourquoi la médaille décernée à M. Dantan fils a été attribuée à ce tableau plutôt qu'à son *Hercule aux pieds d'Omphale.*

Ici, au moins, les plans sont bien classés.

— Cela est vrai; mais pourquoi Hercule a-t-il cette posture surbaissée, et pourquoi ses muscles sont-ils tendus et ses jambes arc-boutées, comme s'il soutenait un plafond?

Cet Hercule-là semble une des cariatides échappées du péristyle de la Porte Saint-Martin.

— Alors, tout s'explique; c'est par la force de l'habitude qu'il se trouve ainsi courbé.

Quant à Omphale, on voit bien qu'elle n'avait pas une glace devant les yeux quand elle s'est coiffée de la peau de lion de son adorateur. Cette coiffure ne l'embellit pas.

En somme, l'aspect général de cette peinture n'est pas désagréable, et elle a été maintenue dans une harmonieuse gamme de ton.

—Le *Repos du modèle,* de M. Chavet, est un joli petit tableau de chevalet, mais son *Henri III à Saint-Cloud* a le défaut de nous présenter des types de *petits crevés* et de *gommeux* travestis en seigneurs de l'époque. Il semble que ces gandins attendent, par un jour de carnaval, que l'on serve le souper dans un des cabinets de la Maison-Dorée.

Voici, par contre, une belle et crâne peinture: le *David vainqueur de Goliath,* de M. Jules-Elie Delaunay, serait superbe s'il était seul sur cette toile, et s'il n'était pas gâté par ces petits personnages, dont la taille minuscule, malgré leur proximité, est vraiment choquante.

— Ce *David*, en effet, a un grand air, et je ne m'étonne plus, après l'avoir vu, du talent qui m'avait frappé dans les deux portraits exposés par le même artiste, et particulièrement dans celui de M. Ernest Legouvé.

— Comment se fait-il qu'on ait placé dans cette exposition un tableau qui évidemment remonte au temps des David et des Prudhon? Ce n'est pas de la peinture moderne!

— Si fait! Ces deux figures académiques sont dues au pinceau de M. DE CURZON. C'est le *premier portrait*, et il n'est peut-être pas hors de propos de raconter ici comment ce premier portrait a été produit; c'est Pline, le naturaliste, qui s'est chargé de nous le raconter :

La fille du potier Dibutade, de Sicyone, était fiancée à un jeune Grec ; lorsque celui-ci la quitta pour un lointain voyage, elle enferma dans des lignes l'ombre de son visage projetée sur la muraille ; le père appliqua de l'argile sur ce trait. Le modèle fait, il le mit au four avec ses autres poteries.

L'art du portrait était inventé.

— J'aime mieux le *Souvenir des côtes de France*, paysage chaud de ton, exposé par le même artiste, et sa *Sérénade dans les Abruzzes*, d'un joli dessin et d'un beau coloris.

Mais vous ne m'écoutez pas! Qu'est-ce

qui attire donc votre attention dans ce coin ?

— Que veux-tu ? ces marionnettes d'ORESTE CORTAZZO, de Naples, me divertissent toujours. Leur conjonction juxta-posée par le fait du fil qui les traverse toutes, donne à tous leurs mouvements un caractère singulier, qui fait le bonheur de ces deux jeunes femmes, car elles paraissent se livrer, à cette occasion, à des commentaires désopilants.

— En fait de petits tableaux de genre, signalons à l'entrée de la salle 8, l'*Amour maternel* et la *Réprimande*, d'EDMOND CASTAN.

Ce gamin que sa mère gronde a bien sûr fait l'école buissonnière.

Voilà un gaillard qui s'y entend à conter fleurette à cette jeune fille, qui y va — la malheureuse ! — bon jeu, bon argent !

C'est une *Vieille histoire*, ainsi que le dit le titre donné par M. MAURICE COSSMANN à cette charmante petite toile, dont les personnages portent l'élégant costume moyen-âge.

— Tenez ! nous voici arrivés devant ce paysage de DIÉTERLE dont je vous parlais lorsque nous nous occupions du genre Corot. Que dites-vous de cette *Chaumière des Rosiers* ? Vous voyez, vous comptez chacune de ces roses, et les feuilles qui les accompagnent. Vous pouvez vous approcher de très près, et vous trouverez dans cette toile autant de détails que votre œil en désire. Et cependant, quelques mètres plus loin, derrière la barrière, l'artiste a eu soin de supprimer tout à fait ces détails conservés par lui pour le premier plan ; et l'absence de

.détails à cet endroit, loin de vous choquer, vous repose, parce que votre attention n'est pas éparpillée, et qu'elle peut se concentrer sur les plans qui, dans la nature, l'absorbent.

Les seconds plans et les arrière-plans sont tout à fait dans leur rôle, quand ils ne présentent que des masses sur lesquelles la vue se repose sans chercher à y trouver ce que la nature n'offre que dans les premiers plans.

Du reste, M. Pierre-Georges Diéterle est un élève de Corot, et le perfectionnement qu'il a apporté au procédé du maître prouve que, si celui-ci l'avait voulu, il aurait su faire taire la critique.

Pour cela, il eût suffi qu'il consentît à débarbouiller la figure et les mains de ses enfants, parfaits, du reste, pour la plupart, dans leur contexture générale.

— Mais, mon cher Nestor, nous n'avons pas pris garde que nous sommes dans le salon des trois Dubufe.

— Je le sais bien; mais M. Dubufe est *hors concours*. Il a sa clientèle de marquises et de baronnes, et il y a longtemps qu'il est arrivé à l'apogée de sa gloire, de même que de son talent.

Pour M. Dubufe, l'exposition est une occasion de se remémorer au souvenir de sa clientèle, et cette fois, il a habilement mis à profit la troisième toile accordée aux exposants pour disposer son exposition comme une jolie garniture de cheminée.

Remarquez que le portrait du milieu a été surélevé à l'aide d'un soubassement doré, de manière à ce qu'il dominât les deux autres, qui, tournés tous les deux vers lui, semblent ses accolytes.

— C'est égal, ils sont tous très agréables, et les *couturiers* de ces dames ont obtenu là de beaux spécimens de leurs produits.

— C'est toujours aux paysages que nous venons demander de nous reposer et de nous rafraîchir. Comme on retrouve bien cette nature des environs de Paris — qui vaut bien d'autres sites — dans ces *Environs de Sèvres*, de M. Edouard Cibot !

Quant à de l'air en masse, M. Vincent Courdouan, on a rempli ses deux tableaux des *Côtes de la Méditerranée*, où il nous fait voir la rade de Toulon et les environs d'Hyères à Giens-Pontevès (Var).

— Voici encore ce tentateur d'Eugène Claude, qui me fait venir l'eau à la bouche avec ses huîtres si pleines et si juteuses, son citron à moitié écorcé, son homard d'une fraîcheur sans pareille, et sa brioche dorée, dont il ferait bon tremper une tranche dans ce verre à moitié plein de château-yquem.

— A quoi bon étaler ainsi en public votre gourmandise, puisque vous ne pouvez la satisfaire ?

— Ce n'est pas ma gourmandise qui s'étale, c'est la vérité de cette peinture que je proclame.

Mais avant de quitter ce Salon, signalons encore ce paysage de Victor Dupré représentant la *Rivière du Fay* en Berry. Victor Dupré soutient parfaitement le nom et l'honneur de la famille.

X

SUITE DE LA PEINTURE

Un sujet délicat. — M. Carolus Duran. — M. Jules Cornillier. — Le Chaudron de M. Jean Even. — On en mangerait ! — M. Erpikum. — MM. Flandrin, de Coninck,
Comérre, Desgoffe, Chevandier de Valdrôme, Duverger. — Mlle Escalier. — Musique champêtre. — Les maraudeurs. — La caravane de Cancale. — La médaille
d'honneur et le prix du Salon. — MM. Fontenay, Lépine,
Lematte, Fichel, Goupil, Faivre, Caillou, Feyen-Perrin,
Didièr, Fines, Fréret, Guiaud, Lambert, de Gegerfelt,
Leleux, Grolleron, Gide, Glaize, Lapierre.

— Croiriez-vous, mon cher oncle, que j'ai
eu toutes les peines du monde à faire sortir
du lit ce gredin de Jules, auquel je voulais
confier la besogne d'aujourd'hui, en votre
compagnie ?

Il avait mal à la tête ! Il avait passé une
mauvaise nuit !

En réalité, — j'ai fini par lui arracher cet
aveu, — il ne s'était couché qu'à trois heures
du matin, sous le prétexte qu'on ne peut vivre honorablement, par cette chaleur canicu-

laire, qu'entre le coucher du soleil et la venue de l'aurore.

Mais quand je lui ai dit qu'il était chargé de donner son avis sur le tableau de M. Carolus Duran, intitulé : *Dans la Rosée*, cette mission a paru le flatter, et le voici ! ·

Je vais m'asseoir sur ce banc, pendant que vous allez délibérer sur ce sujet délicat.

— Délicat ! le mot est juste, car, en effet, cette peinture est délicate d'exécution et délicate de modèle.

N'est-ce pas ton avis, mon cher Jules ?

— Oh ! délicatissime ! charmantissime ! Que cette femme est heureuse de pouvoir vivre dans la rosée où Carolus Duran est allé la trouver, et où elle n'a pu subir aucune atteinte de cette température torride qui aurait défraîchi le blond velouté de cette peau immaculée !

— Blond velouté ! blond velouté ! nous parlons dessin et couleur. Ne nous laissons pas aller au langage de convention. Je trouve que tu aurais bien plus raison de dire le rose velouté.

— Rose ou blond, n'est-ce pas la même chose ?

Enfin, ce beau corps est dans une gamme de ton exactement semblable à celui observé par l'artiste dans l'intérieur de forêt bleu tendre, ornementé de quelques larges feuilles d'un vert transparent, où il l'a placé. Rose, bleu, vert, tout cela est également blond.

— Mais tout cela est-il bien nature ?

— Qu'est-ce que cela fait ? Du moment où l'artiste est arrivé à produire un effet agréablé et qui plaît aux yeux et même au cœur.

— Tu viens de faire la critique de ce tableau, trop blond, et où l'artiste a peut-être
pris un peu trop le contrepied des réalistes,
en fabriquant une nature trop perfectionnée.

— M. Carolus Duran, pour ne pas être obligé de sortir des nuances tendres et de ma-
culer de gris ou de noir ce joli corps, a placé
son modèle en pleine lumière et en plein air.

Mais, en se privant du secours des ombres portées, il a accru les difficultés de la
tâche, puisqu'il n'avait plus à son service
pour modeler son sujet que des nuances
tendres et que des parties lumineuses.

— Regarde à côté le numéro 452. Voilà
une femme également nue et en pleine lumière, où les ombres sont également à peine
indiquées. Cependant l'aspect général est
moins monotone, moins d'une même et uniforme teinte. Il n'y a pas que du velouté et
du mat, que du blond, pour me servir de
ton expression. J'y vois des parties plus
brillantes, plus satinées les unes que les
autres, suivant le jeu de la lumière. L'artiste ne s'est pas astreint à n'employer
que du rose-blond, il y a des parties où
le blanc domine; d'autres ont une légère
teinte bleutée qui laisse deviner sous la
peau l'existence des veines et l'action de
la circulation. Il y a de la vie, du mouvement partout ce corps, et M. Jules Cornillier a fait une très belle étude et une très
remarquable peinture dans son tableau, désigné sous ce titre : *Le Favori*, en raison de la
position occupée sur l'épaule de la dame par

une jolie colombe, qu'elle embrasse amoureusement.

— Je partage votre avis à l'endroit du tableau de M. Jules Cornillier, mais avouez que
M. Carolus Duran s'est tiré à souhait des
difficultés qu'il n'a pas craint d'affronter, et
que son œuvre est une tentative sérieuse et
sérieusement exécutée.

— Il y a des écueils qu'il n'a pas pu éviter.

L'idée d'employer les deux bras à relever
cette blonde chevelure , était ingénieuse,
mais elle a eu l'inconvénient de déranger
l'harmonie du cou et des épaules, et même
de produire un effet disgracieux, en creusant deux salières des deux côtés du cou. La
hanche prépondérante est également anguleuse.

— Ah! dame! M. Carolus Duran n'a pas
l'acquit possédé par le père Ingres, quand
il a peint sa *Source.*

Enfin, reconnaissez-le, il est en bonne
voie, et les deux portraits qui accompagnent
son étude, complètent une belle exposition.

— Quelle fâcheuse idée il a eue de ne pas
s'en tenir là et d'envoyer son vilain moricaud à l'exposition de sculpture !

— Personne n'est parfait, et Carolus Duran a prouvé qu'il savait revenir de ses
écarts.

— Nous pourrons maintenant aller rendre
compte à Nestor de notre délibéré...

— Vous me direz tout cela quand nous
aurons la plume à la main. Le temps nous
presse, et je vais maintenant vous conter en

deux mots ce que j'ai vu pendant que vous étiez occupé de votre côté.

Ce qu'il y a d'admirable dans cette salle, c'est le numéro 697.

J'en suis fâché pour M. Vollon, mais le *Chaudron* de M. Jean Even me plaît pour le moins autant que le sien. Il a même l'avantage d'être un peu moins grand et d'un cuivre jaune préférable, comme aspect, au cuivre rouge ; il laisse plus d'importance à la morue fraîche qui est étalée à côté de lui et qui est sortie de l'eau depuis un moins long temps que les poissons qui accompagnent aussi le chaudron de M. Vollon.

Poussons tous les trois, dans notre for intérieur, un hurrah pour le chaudron et pour la morue de M. Even :

— On en mangerait !

— Ce mot n'est pas déplacé ici, seulement il faudrait qu'elle fût cuite, car je pense que cette expression s'applique à la morue et non au chaudron.

Je comprendrais mieux ce langage s'il s'appliquait au second tableau de M. Even : *les Confitures*. Il y a là encore un petit chaudron d'où la confiturière tire le jus délicat de la groseille qu'elle verse dans les pots transparents qui sont à côté d'elle. Cette confiturière ferait bien le pendant de *l'Ecureuse*, de Bonvin : même touche vigoureuse, même couleur éclatante et vraie.

—Voyons, mon cher Jules, n'es-tu pas de mon avis et l'eau ne te vient-elle pas à la bouche à la vue de ces séduisantes confitures ?

— Me prenez-vous donc toujours, cher Nestor, pour un enfant gourmand, et ne voyez-vous pas à ma barbe naissante que mes goûts ont changé de nature? Tenez, voici ce qui me récrée beaucoup plus : c'est cette *Dormeuse* de M. Léon Erpikum. Comment trouvez-vous cette croupe si bien arrondie et ce dos voluptueux qu'elle nous présente. On voit que M. Erpikum est un élève de Flandrin.

— On en mangerait, n'est-ce pas?... Il fallait que ce petit drôle vînt réveiller toutes les pensées concupiscentes de l'oncle Emile, dont je ne vais plus rien pouvoir tirer de bon. Ah! pourquoi ne pas l'avoir laissé dormir?

Voyons, messieurs, remettons-nous à la besogne sérieuse. Reprenons notre examen.

Au-dessous du tableau de M. Even, il faut admirer ce *Ravin en Afrique* de Fromentin. Le ciel chaud et bleu qui apparaît au haut du ravin sert à faire ressortir la fraîcheur que répand en cet endroit l'eau transparente qui sort de la roche et qui forme ce ruisseau attractif dans lequel chevaux et cavaliers se plongent à l'envi.

Jetons un voile sur ces erreurs de Gustave Doré, sur son paysage aux arbres moisis, éclairé par des flammes de Bengale vertes, et sur son cirque éclairé par des flammes de Bengale bleues.

Le paysage de M. Paul Flandrin, intitulé : *Souvenir de Provence*, me paraît trop méditerranéen et trop académique.

Quant aux trois Italiennes de M. Pierre

DE CONINCK, *I Confetti,* nous avons déjà dit dans notre première visite qu'il fallait se tenir en garde contre leurs coups d'œil provoquants. Allons, Jules ! allons Emile ! Passons vite.

Il y a là, d'ailleurs, une *Petite Italienne,* de M. LÉON COMERRE, qui me paraît beaucoup plus intéressante par sa tête pleine d'expression, et qui semble dire qu'elle compte parmi ces pauvres enfants livrés par leurs parents à des exhibiteurs sans entrailles.

On fait grand bruit des toiles de BLAISE DESGOFFE. Évidemment, chacun de ces objets d'étagère est bien rendu et admirablement peint. Il y a là de beaux détails, de belles couleurs ; mais il y a aussi un mauvais arrangement et un complet défaut d'ensemble, d'harmonie et d'effet. M. Desgoffe aurait bien mieux fait de copier simplement la vitrine d'un amateur, il y aurait probablement trouvé moins de désordre et plus de goût.

— Approuvé !

— Des *Lauriers roses en pleine terre,* cela produit un singulier effet. M. PAUL CHEVANDIER DE VALDROME n'a pas reculé devant la monotonie de cette décoration, et il est parvenu à faire un tableau très agréable de son *Matin dans la Vallée des Lauriers roses.*

Pénétrons dans la salle 10.

Oh ! mais, voici une surprise ! le paysage de FRANÇAIS a été déplacé, et le voici dans une bien plus belle lumière, au fond de cette salle.

— Décidément, ce tableau est le roi des paysages de l'Exposition.

— On en mangerait !

— Quoi ! de cette herbe si tendre et de ces fleurs agrestes ?

— Non ! non ! mais de ces deux baigneuses qui ne sont pas, d'après les tons chauds de leur riche carnation, sorties d'une boîte de coton, comme la donzelle *à la rosée* de Carolus Duran.

— Il ne faut pas être aussi Gargantua que cela, mon cher Jules, et toujours songer, comme tu le fais, à croquer tout ce que tu vois. Peste ! quel appétit !

— *Quand les chats n'y sont pas, les souris dansent.* J'avais deviné cela avant d'avoir vu le livret.

Nous sommes devant une école de petites filles. La maîtresse a disparu, et le martinet est au repos, accroché le long de la chaire.

On dort ! on chante ! on danse ! on bâille ! que c'est un plaisir à voir !

Telle est l'œuvre à laquelle M. Duverger a donné le titre que l'on vient de voir.

— M. Eugène Faure a fait deux jolis portraits qui portent les numéros 106 et 107.

A côté d'eux nous devons admirer le beau *Bouquet de chrysanthèmes* de Mlle Escalier.

Voici encore un tableau de Fromentin, une *Chasse au faucon en Afrique*, où se retrouvent toutes les brillantes qualités de ce peintre.

— Halte-là ! saluons en passant la médaille de M. Delobbe et son *Petit Musicien champêtre*, qui lui a valu cette médaille. Ce petit bonhomme, nu et assis au bord de l'eau, souffle bien dans ce jonc dont il a fait une flûte.

— C'est bien peint et bien étudié, mais un peu cherché.

— Je demande une mention pour ces cavaliers que M. Delorme nous présente comme des maraudeurs et qui doivent tenir de singuliers propos pour faire ainsi rire toutes ces femmes jeunes ou quelque peu avancées, qui sont groupées autour de la fontaine.

— Il faut toujours que ce Jules s'intéresse à ce qui intéresse le beau sexe.

— Où est le mal?

— D'ailleurs, vous voudrez bien convenir avec moi que ce tableau est bien peint et rempli de charmants détails de costumes moyen âge.

— Mais ne vois-tu pas que ce que disent ces vauriens a effarouché une colombe qui fuit à tire d'ailes.

— Nous nous retrouvons devant cet étonnant tableau que l'on pourrait admirer, pendant des heures et même pendant des journées, sans cesser d'y découvrir quelque chose de neuf. C'est la caravane de Cancale, autrement dit la grande pêche des huîtres.

Jamais je n'ai rien vu de pareil!

Eugène Feyen a mis là des personnages par milliers.

Chacun d'eux est étudié et est complet, y compris ceux qui ont à peine quelques millimètres de hauteur.

— Examinez attentivement ce tableau, monsieur Jules, et abandonnez-vous aux réflexions qu'il doit vous suggérer. M. Duez l'a intitulé : *Splendeur et Misère*.

Ne vous contentez pas de regarder avec satisfaction le minois de ce que vous appelez une *Tendre biche*.

Voyez de ce côté ce qu'elle est devenue, car c'est bien la même, et on la reconnaît malgré ses rides, malgré ses yeux dont les cils sont tombés et qui ont perdu tous leurs charmes au milieu des paupières rouges qui les accompagnent actuellement.

— Quelle dèche ! on peut le dire.

—M. Paul Foret, élève de Vollon, a quitté les chaudronneries de son maître pour se lancer dans l'orfévrerie la plus délicate et la plus artistique.

— Voilà en effet une superbe aiguière, dont la ciselure resplendit à travers l'or et l'argent dont elle est composée.

— Dans le grand Salon carré, qui porte le n° 11 et où nous pénétrons en ce moment, se trouvent les trois tableaux de M. Gérôme, auquel la médaille d'honneur a été déférée par le jury. Cette décision a soulevé de nombreuses critiques, car ces trois tableaux ne sont ni ce que M. Gérôme a fait de mieux jusqu'ici, ni ce que l'Exposition de cette année renferme de plus remarquable.

— C'est exactement mon avis, et je trouve même que deux de ces tableaux tournent à la charge, à la caricature. L'*Eminence grise*, tout d'abord, est une composition exagérée dans toutes ses parties ; quelle impertinence chez celui qui porte ce nom ! quelle platitude chez tous ces grands seigneurs et ces hauts dignitaires de l'Église qui rampent pour ainsi dire à plat ventre devant lui !

Voilà pour le sujet. Quant à la facture du tableau, on ne peut refuser à M. Gérôme ses qualités habituelles, son dessin correct, sa touche fine et sa merveilleuse palette ; mais tous ses personnages répartis sur un vaste escalier, ne forment pas un ensemble et ne constituent pas un tableau.

Ce n'est, en effet, comme je le disais tout à l'heure, qu'une très belle caricature, et je range dans la même catégorie son *Rex tibicens*.

Celui-là, je le lui abandonne, et en le peignant de cette façon, M. Gérôme s'est évidemment souvenu que c'était là l'ambitieux héritier des anciens ducs de Brandebourg, dont les conceptions, exploitées par ses successeurs, devaient plus tard jeter l'Europe dans l'état où elle est aujourd'hui.

Franchement, ce *Rex tibicens*, qui a l'aspect d'un singe, est loin d'être beau !

— Passons au troisième tableau de Gérôme, celui qui paraît le mieux compris. Eh bien ! pourquoi cette distance entre les deux personnages, cette longue table qui s'étend entre eux, et au-dessus de laquelle est appendue, le long du mur qui forme le fond, une tapisserie qui semble le point important du tableau.

La distance, trop grande entre les deux personnages, leur donne une disproportion d'autant plus choquante que celui qui est sur le premier plan présente aux spectateurs un dos monstrueux et qui paraît bossu, et un profil rechignant dans lequel on aura peine à reconnaître le grand Corneille.

— Comment! c'est là Corneille!

— Ah! oui! de même que l'autre, le petit, est Molière!

— Je n'aurais pas reconnu celui-ci plus que l'autre.

— Enfin, ces trois tableaux portent la mention de la médaille d'honneur, et cette mention les rend admirables aux yeux d'une portion de la foule.

— Il faut espérer que M. Gérôme rendra, l'année prochaine, au jury, la monnaie de sa pièce.

— Voici un autre tableau dont l'auteur, également gratifié d'une faveur exceptionnelle, est aujourd'hui le sujet de nombreuses controverses. Il s'agit du *Saint-Laurent*, de M. Lehoux, qui a obtenu, à l'unanimité des voix, la médaille de première classe, et qui, en conséquence de cette unanimité, a paru à M. le directeur des Beaux-Arts désigné comme le plus digne du prix du Salon.

— Ce tableau est à première vue bien confus; et si les personnages qui figurent sur cette toile sont bien étudiés et bien compris, le peintre s'est peut-être trop peu inquiété de leur réserver à chacun une place suffisante, ou du moins d'avoir cherché un arrangement apportant plus d'unité dans ce chaos.

Ils sont si gênés dans ce cadre que la grande figure qui est sur le premier plan, et qui porte une brassée de bois, semble perdre l'équilibre et être prête à tomber, la tête en avant, dans le salon.

— Il est vrai que le prix du Salon est destiné à fournir à un jeune artiste donnant de grandes espérances le moyen de compléter ses études et de se perfectionner, grâce à la sécurité que la somme attachée à ce prix lui garantit pendant trois années.

Si la peinture de M. Lehoux était irréprochable, ce jeune artiste serait en dehors des conditions du prix ; mais, en réalité, il a de grandes qualités dans tous ces personnages hardiment posés, et les muscles de saint Laurent, vu en raccourci, se tordent, sous l'étreinte de la douleur, d'une façon effrayante de vérité.

Passons maintenant aux choses plus légères.

M. Fontenay nous donne, sous ce titre : *Ferme aux environs de Rome*, une élégante réminiscence du genre Hobbema.

Il faut noter aussi le *Lac*, joli petit tableau d'Elmerich ; le *Quai d'Ivry*, par Stanislas Lépine, paysage réaliste bien réussi.

— Un tableau d'un élève de Rome vaut toujours la peine qu'on s'en occupe. L'*Enlèvement de Déjanire*, de M. Lematte n'a qu'un défaut, c'est le centaure, sans lequel la Déjanire serait une merveille ; mais le centaure Nessus, qui emporte cette belle jeune femme, si admirablement modelée, et dont les charmes sont accrus par les soyeuses étoffes qui voltigent autour d'elle, est lourd et ne présente aucun intérêt. C'est fâcheux.

— Abaissez vos regards, mon oncle, et voyez donc au-dessous de cette Déjanire ces deux jolis tableaux : *Un Corps-de-Garde*, de Fichel, et *Les Accordailles*, de Goupil. Tous les deux sont remarquables par l'expression vraie de chaque personnage et par les détails exacts des costumes.

— M. Goupil a obtenu, à juste titre, une médaille. La satisfaction de la mère, l'émotion de la jeune fiancée, et les mille caquets auxquels se livrent les jeunes filles de la noce, à la vue de la plume du notaire, tout cela est merveilleusement rendu, de même que les jolis costumes du temps du Directoire.

— Oh ! voilà un peintre qui me **va** ! Bravo, Tony Faivre ! Vous faites de délicieuses jeunes femmes ! Quelle finesse de ton et de détails, dans ce petit salon si coquettement meublé, où se trouvent ces deux aimables personnes. Qu'en dis-tu, Nestor ?

— Je dis que M. Faivre sait faire de la belle et bonne peinture, et que ses tableaux sont largement peints, malgré cette finesse de touche dont vous parliez tout-à-l'heure.

— Et cet autre tableau, intitulé *Taquinerie*, parce que madame s'amuse à taquiner son petit chien en faisant résonner sur le piano cette note qui lui déplaît ?

En fait de frais visage, en voici un peint par Mlle Louise Eudes de Guimard.

— *Un Ruisseau sous bois*, tel est le titre de ce grand et beau paysage dans lequel M. Louis Caillou a placé au-dessus de l'eau qui se brise en grognant à travers les pierres, un étonnant enchevêtrement de branchages de chêne.

Nous voici de nouveau en présence des *Pêcheuses d'huîtres* ; mais celles-ci, peintes par M. Feyen-Perrin, sont de plus grande taille que celles que nous a fait admirer son frère Eugène. Tous les deux sont d'une égale habileté, et je ne sais lequel des deux tableaux je préférerais.

— Il y a aussi, à deux pas d'ici, deux petits tableaux microscopiques d'Eugène. J'ai justement pris ma loupe, et nous allons les contempler. Est-ce fin, et cependant comme tous les détails sont complets ? Plus on éloigne la loupe, plus on grossit les sujets, plus l'on voit qu'il n'y a rien d'oublié dans ces deux petites miniatures.

— Mon oncle, il s'agit de faire appel à vos souvenirs historiques, car voilà un tableau d'un haut intérêt dramatique, que tout le monde regarde en se demandant : « Qu'est-ce que cela peut-être ? »

— Voici la scène même telle qu'elle se trouve dans Schiller :

VERINA. — Eh bien ! quand la pourpre tombe, il faut que le doge la suive.
(*Il précipite Fiesque dans la mer.*)
FIESQUE. — Au secours ! Gênes ! au secours de ton doge !
(*Il est englouti.*)

M. ALFRED DIDIER a saisi le moment où Fiesque, renversé par Verina, qui l'a précipité du haut d'une galère, entre dans les flots où il va disparaître.

— J'aperçois dans le coin de ce salon un

tableau qui me semble d'une belle ordonnance. Approchons !

Ce sont les *Laveuses bretonnes* de M. Eugène Fines.

Les personnages se trouvent bien échelonnés depuis le haut de la berge jusqu'au fond du ravin où se trouve la fontaine.

Chacune de ces bretonnes est parfaitement à son plan, et ce tableau est plein d'harmonie, grâce aux couleurs fraîches qui, bien que tranchées entre elles, sont toutes sur une même gamme de demi-teintes.

— Ce phare est bien fait pour attirer de loin les navigateurs. M. Fréret s'entend à en entretenir le feu qui brille d'une façon éclatante au milieu d'une nuit assez éclairée cependant par la lune pour qu'on distingue bien les vagues et les bâtiments qu'elles portent.

— Comme effet, vois donc là-bas quelle vive lueur autour de ce *Bastion de Palma* (île Majorque), de M. Jacques Guiaud; quelle lumière sur la mer qui déferle dans ces parages, et qui semble prête à engloutir cet attelage attardé sur les sables mis à découvert à marée basse.

Mais nous allions quitter ce salon sans être allé caresser les *Petits chats* de M. Lambert. Sont-ils là comme chez eux, dans le tiroir aux robes que leur maîtresse a eu le grave tort de laisser ouvert en partant pour la promenade.

C'est au milieu des taffetas, des gazes et des dentelles que la partie se passe. La mère regarde tout cela d'un air calme, tandis que le petit chien fait son affaire d'un éventail qui est tombé du tiroir.

— Ah ! ah ! voici un aspect différent de celui de nos contrées ! On dirait, en voyant ce village perdu dans la neige et qu'éclaire ce soleil qui ressemble à la lune, tant il est obscurci par les brumes, qu'on est à cinq cents lieues des pays que nous venons de voir.

— Je le crois bien, c'est une *Vue prise en Suède*, par M. Wilhelm de Gegerfelt, né à Gottembourg.

En effet, il est difficile de dire si l'astre que l'on a devant soi est le soleil ou la lune, et si l'en est en plein jour ou en pleine nuit, tant la neige qui couvre la terre, les chaumières, les arbres, et qui remplit tout l'horizon, donne un aspect particulier à ce site étrange !

Ce qui me fait croire que nous sommes en plein jour, c'est la présence de cette bande de corbeaux, qui doivent dormir la nuit, en Suède comme partout ailleurs.

Regardez maintenant le pendant de ce tableau, c'est *Une vue au bord de la mer, en Danemark*. Est-ce également d'un bizarre effet, et quelle peinture large et hardie ! Au premier plan, une barque noire échouée sur le sable, au-dessus de laquelle plane une bande de mouettes. La mer est houleuse, ses premiers plans sont blancs d'écume, puis vient une large zone d'un vert foncé, à la suite de laquelle tout se confond, l'eau, le ciel, dans des teintes grises, qui semblent d'une profondeur sans fin.

Ce tableau a un grand caráctère.

J'étais bien sûr que vous alliez obliquer à gauche, et aller aider cette grosse et belle fille à trouver la puce qu'elle cherche.

— Que veux-tu ? ce tableau me réjouit. D'ailleurs, il est d'ARMAND LELEUX, élève d'Ingres, ne l'oublie pas ! — Oui, d'Ingres ! — et c'est son aspect artistique qui m'entraîne.

L'*Intérieur d'une cuisine*, du même, répand, de son côté, un parfum qui n'est pas à dédaigner.

— En fait de cuisine, c'est dans cette salle numéro 12, à l'autre extrémité, que se trouve le tableau de M. GROLLERON, dont nous avons déjà parlé, et qu'il intitule si justement : *Quand les maîtres n'y sont pas.*

Il faut aussi s'arrêter devant celui de GIDE: *Deux mauvaises connaissances.* Deux lansquenets ont entraîné un jeune seigneur ; ils suivent attentivement des yeux l'effet produit par la boisson qu'ils lui versent à grand verre, et l'un d'eux tient les cartes à l'aide desquelles ils vont le dépouiller.

M. Gide est un homme habile dans l'art de donner à chacun de ses personnages l'expression voulue, et de reconstituer l'époque qu'il veut peindre. Les détails de costumes et d'ameublement ne laissent rien à désirer.

Si tu le veux, nous allons de suite examiner, dans la salle à côté, un autre tableau plus important du même artiste.

— Je le crois parbleu bien ! le sujet valait la peine d'être traité avec soin. Coligny ayant été blessé grièvement d'un coup d'arquebuse en sortant du Louvre, Charles IX, Catherine de Médecis, les ducs d'Anjou et d'Alençon, se rendirent chez l'amiral qui fut tué deux jours plus tard, le 24 août 1572, pendant les sanglantes scènes de la Saint-Barthélemy.

A la bonne heure! voilà des personnages de leur temps, et qui ne ressemblent en rien aux habitués du boulevard, aux gandins déguisés en seigneurs de M. Chavet, dans son *Henri III à Saint-Cloud.*

Mais nous n'avons pas fini la salle 12, et le *Memento homo quia pulvis es et in pulverem reverteris,* de M. GLAIZE, mérite qu'on s'y arrête.

C'est une page de haute philosophie, et qui nous rappelle que tous, riches ou pauvres, jeunes ou vieux, simples plébéïens ou puissants potentats, évêques et même papes infaillibles, y passent! *Souviens-toi que tu n'es que poussière et que tu retourneras en poussière.*

A côté de cette grande et belle page, M. Glaize a exposé une toute petite toile qui représente une allée où il a parfaitement rendu l'effet du soleil se jouant à travers la feuillée.

Nous aurons terminé cette salle quand nous aurons signalé les trois charmantes petites études de M. LAPIERRE, *Effet d'automne et de soleil couchant,* le tout pris dans la forêt de Fontainebleau.

XI

SUITE DE LA PEINTURE

MM. Henner, Guay, Van Heemskerck, Harpignies, Hue,
Firmin Girard, Groiseilliez, Eugène Giraud.— Les deux
Judith. — Jacquemin Gringonneur. — La légende de
saint Hubert.— Paysages de MM. Godefroy, Guillemer,
Gibbon, Genillon, Heullant, Jérichau, Hennericq. —
Les Bûcherons. — MM. Thiers et Washburn.— Les co-
quelicots de M. Kreyder. — MM. Japy, Guillemet, Ku-
wassen et de Haas.

— La salle 13 contient les trois toiles de
M. Henner.

M. Henner est pour le moment un des
peintres le plus en vogue. Il a fait de beaux
portraits ; mais celui qu'il a exposé cette année, ne me satisfait pas.

Ne dirait-on pas que le vert désagréable et
d'un ton faux qu'il a employé pour son fond
a traversé la peinture et donné à la figure de
la jeune femme qu'il représente une teinte
blafarde?

— Voyons donc cette *Madeleine dans le
désert* dont on parle tant!

— La voici !

— Quelle singulière attitude M. Henner lui a donnée ! Il n'a pas fait de grands frais d'invention ! Couchée en travers du tableau et adossée à une de ses parois, elle en occupe tout le premier plan ; elle montre un profil qui ne manque pas de beauté, mais qui est d'une froideur glaciale.

— En général, cette froideur est dans la gamme de M. Henner, et de plus il a tenu à faire une Madeleine distincte des Madeleines roses et rebondies que l'on fait souvent. Sa Madeleine n'a plus rien de l'ancienne pécheresse, et la dure pénitence par laquelle elle a passé a déteint sur toute sa personne au physique et au moral.

Passons au troisième tableau, au *Bon Samaritain*.

— Ici, je m'incline, et je reconnais la touche d'un maître. C'est crânement dessiné, et la sobriété de la peinture fait mieux ressortir les qualités de cette très belle toile.

Mais quel est ce prodige ?

M. Guay, possesseur, il faut le croire, d'un flacon d'eau de Jouvence, a profité du *sommeil* de cette femme pour la rajeunir, et l'opération marche bien.

Évidemment, il a commencé par les jambes pour voir si la chose réussirait, et les jambes sont devenues de délicieuses jambes de jeune femme.

Ce succès l'a enhardi, et il a non moins bien opéré du côté de la tête, du cou et des seins, qui sont superbes.

Mais il faut croire que l'heure fatale de

l'ouverture est arrivée avant qu'il eût terminé sa transformation ! Si bien que le restant du corps, l'abdomen, le bassin, les hanches et les cuisses n'ayant pas encore reconquis, comme le reste, la fraîcheur de la jeunesse, semblent ne pas appartenir au même corps. La couleur n'y est plus la même, la peau est fanée et les contours sont anguleux.

— Ne nous attardons pas aussi longtemps à chaque toile ! Nous n'en finirions jamais. Contentons-nous de cataloguer sommairement ce qui reste à mentionner dans cette salle.

C'est la *Barque de pêcheur*, de Van Heemskerck.

— Un beau nom, par ma foi ! mais qui est lourd à porter !

— Les pêcheurs, en s'acharnant après le banc de harengs, se sont éloignés du vaisseau, dont on aperçoit la silhouette tout au loin dans la brume. C'est un effet très bien rendu.

Notons encore les *Oies*, de Hanoteau ; les *Antiquaires*, de Ferrandiz. Ces antiquaires sont perdus dans les antiquités, avec lesquels on les confond. Il y a dans ce tableau un excès prodigieux de couleur ; mais il y a aussi de jolis détails.

— Si M. Harpignies voulait quelque peu compléter ses tableaux, il serait bien vite au premier rang des paysagistes. Son dessin est pur et ferme, son exécution est hardie, et c'est par excès de hardiesse qu'elle pèche.

Tenez ! voyez ces *Bords de l'Aumale*. Admirez ce beau ciel, ces belles eaux! Comme l'air circule de toutes parts! Quel beau bouquet d'arbres, et comme le peintre a su rendre leur profil, dont la silhouette se dessine d'une façon nettement arrêtée sur le bleu de l'éther!

Tout cela subsiste, que l'on regarde ce paysage de loin ou de près, mais si l'on s'approche pour voir les détails, on trouve que l'artiste qui a su si parfaitement dessiner le profil de ses arbres, a oublié de les terminer de face; il a négligé de remplir l'intérieur des contours si bien tracés. Il y a là, en effet, une regrettable lacune.

— Mon cher oncle, je partage complétement votre opinion.

Mais je ne suis pas fâché de m'être approché de la cimaise, car voici un tableau qui, de loin, me paraissait fade et devant lequel j'aurais peut-être passé sans y prendre plus d'attention, et je vois que j'aurais fait une fâcheuse omission.

Le Jour du Contrat de M. Hue est, en effet, une délicate peinture, remarquable par l'absence de l'emploi du noir et par l'habile dégradation des teintes. Il n'y a, dans tous ces costumes si variés et si chatoyants, que de la couleur pure, et les nuances sont obtenues à l'aide du blanc, au lieu de l'être à l'aide du noir, comme le font certains peintres. Aussi, l'aspect fade que présente ce tableau à certaine distance est-il remplacé, dès qu'on s'en approche, par un véritable aspect de fraîcheur et de délicatesse.

Que dirions-nous de plus que ce que nous

avons dit dans notre première visite du délicieux tableau de FIRMIN GIRARD, intitulé les *Fiancés*, si ce n'est qu'on ne peut se lasser d'admirer les satins, les velours, les dentelles, etc., fabriqués par ce peintre, de même que la vérité de toutes les expressions, et l'air de satisfaction et de bonheur qui règne dans cette toile.

— Tu ne t'étais pas trompé dans tes prévisions, et la deuxième médaille accordée à ton artiste de prédilection prouve que tu n'étais pas seul de ton avis.

— Bravo! bravo! pour Firmin Girard!

Son tableau de la *Pêche* nous présente des personnages d'une plus grande taille.

Ils ne sont que trois :

Le mari qui pêche ;

Sa jeune femme, qui suit de l'œil tous les mouvements du bouchon ;

Et la petite fille qui joue avec les poissons déposés dans un baquet.

Regardez attentivement, est-il possible de faire quelque chose de plus frais, de plus vivant ?

Comme tout est soigné dans ce tableau !

Admirez les mains du pêcheur, et celles de la femme !

— Délicieux ! délicieux !

— Nous avons maintenant devant les yeux un superbe effet de soleil couchant par un ciel nuageux d'automne. HANOTEAU a donné à ce tableau le titre de la *Loge des bûcherons*.

—En effet, ils sont là réunis autour du feu après une journée fatigante où la bise a déjà dépouillé les arbres, dans ces bois du Morvan, à travers lesquels brillent par longues lignes les dernières lueurs jaunes et rouges du couchant.

— M. Groiseilliez, qui a obtenu une troisième médaille, est à ranger au nombre des jeunes paysagistes qui donnent de grandes espérances ; mais il manque quelque chose à ses tableaux. Tous seraient très remarquables, s'ils avaient des premiers plans correspondant à leurs fonds admirables. Soignez vos premiers plans, monsieur Groiseilliez, et ne craignez de leur donner de la vigueur et du modelé.

— De la couleur locale ! de la couleur locale !! En voici tant et plus dans ces deux tableaux d'Eugène Giraud, qui représentent la *Marchande de bijoux au Harem* et le *Repos de ces dames.*

C'est assez chaud de couleur et assez chaud de lumière, pour que l'on sente suffisamment que l'on est en Orient.

— Quelle belle robe vous avez là, mademoiselle ! Je comprends que vous vous admiriez dans cette glace en étalant devant vos yeux cette parure qui vous va si bien ! Votre joie et votre étonnement, qui se traduisent par la rougeur de vos pommettes, s'expliquent, puisque M. Adolphe Huas, qui vous a si bien reproduite, prétend que c'est votre *première coquetterie.*

— J'en suis bien fâché pour la *Judith*, de M. Gentil, qui a certainement des qualités ; mais il y a dans la salle 14, où nous allons entrer, une autre *Judith* qui ne

saurait admettre qu'on la compare à aucune, car elle doit être jalouse et ne pas
admettre qu'on plaisante avec elle. Celle-là,
en effet, sortie du pinceau de M. DE GI-
RONDE, a un fier caractère. C'est une maîtresse Judith, c'est une mâle beauté au teint
brun, aux yeux ardents et aux cheveux noirs,
à la pose énergique et à l'allure magistrale.
Sur sa robe, d'un blanc éclatant, se détache
un second costume d'un jaune non moins
vif, puis une ceinture de gaze noire dessine
sa taille cambrée, et laisse apercevoir, à travers sa transparence, les belles formes de sa
gorge palpitante.

C'est un des plus beaux morceaux du
Salon.

— En entrant dans ce nouveau salon, permets-moi d'appeler ton attention sur ces
deux petits tableautins d'un ami de Montargis, de M. ALFRED GUÈS. Quelle couleur,
quel charmante reproduction de costumes
moyen âge, il a apporté dans le *Fol* et dans
l'explication donnée aux boufffons du roi,
par Jacquemin Gringonneur, des figures
placées dans les premiers jeux de cartes dont
il était l'auteur.

— *Finaud,* chien basset, est un premier
spécimen du talent de M. HERMANN LÉON ;
mais ce talent se déploie plus à son aise dans
la *Légende de saint Hubert.* Le cheval re-
cule épouvanté devant la croix lumineuse
qui surmonte la tête du cerf poursuivi.

Il y a dans ce tableau des parties de paysage bien touchées et des personnages dont
chacun est bien dans son rôle.

Nous retrouvons encore ici quelques-uns de ces jeunes paysagistes très intéressants.

M. GODEFROY, de Haguenau, a exposé une *Rue du Caire* pleine de lumière et de couleur; M. GUILLEMER, deux Études bien exécutées de la Forêt de Fontainebleau; M. JOSEPH GIBBON, *Une fâcheuse rencontre*, par un affreux temps de neige; M. GENILLON, *Les bords de la Cure, en Bourgogne*, tableau sur le premier plan duquel se trouvent de charmants bouquets de fleurs.

— Quel étalage de couleurs se détachant sur un fond vert éclatant? M. ARMAND HEULLANT s'est contenté de donner à cette toile le titre de *Lavandières;* mais ce qu'il n'a pas ajouté c'est que ce sont des lavandières grecques en tole et en peplum, lavant du linge au bord d'un ruisseau et aux rayons d'un soleil éblouissant qui fait ressortir les couleurs de leurs vêtements, ainsi que la verdure de la côte abrupte qui occupe le fond du tableau et qui est couronnée par un temple à colonnes blanches.

M. Heullant nous transporte ensuite dans un temple, et là nous assistons à une offrande à Vénus. La statue de la déesse est en or, et le jeune couple qui lui apporte des offrandes, semble plein d'une ardeur fébrile.

Le jeune homme offre les deux colombes sacramentelles, et la jeune fille couvre l'autel de guirlandes, composées des fleurs aux couleurs les plus vives. C'est un échantillon très réussi du genre Pompeïa.

— Mais voici une bien autre chose : Voici un splendide effet!

Les derniers rayons du soleil dorent encore la partie supérieure de l'Acropole d'Athènes, ainsi que le sommet des montagnes qui s'élèvent derrière elle, tandis que l'obscurité gagne déjà les bas fonds, d'où montent de blanches vapeurs.

C'est un spectacle grandiose que M. Harold Jérichau a parfaitement rendu. Ce tableau appartient à la reine de Danemark.

Qu'est cela? *Messaline, sortant de Rome, est insultée par la populace.*

— Belle composition, bonne couleur, effet saisissant. La deuxième médaille, décernée à M. Hennebicq pour ce tableau, était bien méritée.

— Allons voir ce grand tableau qui a valu aussi à M. Carles Gosselin une deuxième médaille, les *Bûcherons*, beau paysage d'automne qui nous les montre en train d'abattre de gros arbres. Ce beau tableau est bien escorté, d'un côté par le *Portrait de M. Thiers*, et de l'autre, par celui de M. Washburn, ministre des États-Unis à Paris, auquel appartiennent ces deux portraits peints par M. Healy.

— Il nous reste à admirer une fois de plus le chef-d'œuvre d'Alexis Kreyder.

Nous sommes au bord d'un champ de blé.

Une famille de perdreaux, en nous entendant venir, s'empresse de rentrer sous les épis dorés qui ne lui serviront plus longtemps de refuge.

Au premier plan a poussé le plus magnifique pied de coquelicots qui se puisse voir.

L'exécution est parfaite ; on voit chaque

pétale de chaque fleur dans toute sa légèreté et dans toute la splendeur de sa couleur sans pareille.

Un mot encore, pour l'*Aurore*, de Louis Japy, et pour la *Vue de Paris, prise de Bercy en décembre*, par Guillemet, et aussi pour cette gorge si sauvage de *Wintzer-Schlarh-ten*, par Kuwassen.

— Nous n'allons pas oublier, j'aime à le croire, ces jolis ânes, de de Haas. Sont-ils tranquilles ? Ces bonnes bêtes attendent la marée, qu'apportent les voiles signalées à l'horizon, et qu'ils doivent transporter à la ville prochaine.

C'est là de la peinture excellente.

XII

SUITE DE LA PEINTURE

Mon cher Nestor,

Je n'ai pas de chance !

Avec une exactitude anormale, j'étais, ce
matin, à l'heure indiquée, au rendez-vous
que tu m'avais assigné. Je t'attendais pour
entrer en ta compagnie au Salon de 1874,
quand un télégramme m'a appris qu'à ton
tour, tu étais victime du lumbago, et contraint par cette impitoyable affection de me
laisser aller tout seul au Salon.

Je sympathise d'autant plus avec tes douleurs, que je les ai éprouvées, comme je te

le disais dans ma lettre du 8 mai. Que veux-tu? l'homme n'est pas de bronze ; on ne saurait toujours dire de lui : *Illi robur et æs triplex.* Depuis que tu as entrepris le compte-rendu de l'Exposition, ta préoccupation presque unique est d'arpenter les vastes salles du Palais de l'Industrie. On t'y rencontre à neuf heures, à midi, et tu es du nombre des visiteurs que les gardiens ne font déguerpir qu'en leur criant d'une voix dont le diapason monte en raison de leur impatience : *On ferme !* ou en disant d'un ton conciliant : *Allons, messieurs, nous vous en prions !...*

Quelle coffre résisterait à de telles pérégrinations quotidiennes, cent fois plus pénibles que les promenades des pèlerins de Lourdes et de la Salette? Comment n'éprouverait-on pas de fatigue, surtout avec une continuelle tension d'esprit qui réagit nécessairement sur le physique?

Résigne-toi à des souffrances que tu as dû prévoir ; prends un peu de repos, et la crise sera bientôt passée.

Avec l'espoir de t'avoir bientôt pour compagnon de route, j'entre seul dans la salle n° 15, et je me trouve tout d'abord devant les portraits de Mlle Zélie Jacquemart, signalés par toi dans ton feuilleton du 1er mai. Que tes éloges étaient fondés !

Que de dignité, de noble fierté dans la figure de l'homme en habit de velours noir ! Que de séduction dans celle de la femme en robe de satin rouge ! Suivant ta recommandation pour admirer ces deux types, j'ai eu soin de m'isoler autant que possible des toiles contiguës, et notamment de celle M. KÆMMERER, la *Plage de Scheveningue* (Pays-Bas), si digne de concentrer l'attention ! Avec quelle gaieté railleuse la foule barriolée et pimpante, qui prend ses ébats sur la grève, défie les ardeurs de l'été ! Avec quels délices elle aspire l'air salubre et frais de la mer ! Belles dames, jeunes gens, bambins, fillettes, sont en pleine lumière ; et rien ne papillotte dans cette composition où, malgré l'absence de tons vigoureux, les plans sont régulièrement échelonnés.

M. LAPOSTOLET a exposé deux paysages d'un ton plus gris : une *Vue du quai du Pollet*, à Dieppe, et l'*Avenue des Ternes*, mais ce sont de vraies reproductions phothographiques. Avec leurs brumeuses couleurs contraste la clarté orientale des vues que M. JULES-JOSEPH-AUGUSTE LAURENS est allé prendre à Tauris en Perse, et sur les bords du détroit des Dardanelles.

J'ouvre une parenthèse pour te prier de m'excuser si, aux noms des artistes, je joins parfois leurs prénoms. J'y suis forcé ! Il y a tant d'homonymes ; les LAURENS, par exemple, ne sont pas moins de quatre : Mlle PAULINE LAURENS, qui a exposé une petite étude *poverella*; M. LAURENS, ci-dessus désigné ; M. NICOLAS-AUGUSTE LAURENS, auteur d'une étude intitulée *Naïs* ; enfin, M. JEAN PAUL LAURENS, qui a exécuté, sur une commande de la préfecture de la Seine, un *Saint Bruno, refusant les offrandes de Roger, comte de Calabre*. C'était un sujet qu'avait omis Eustache Lesueur, dans sa série de vingt-six tableaux, consacrée à l'histoire du fondateur de l'ordre des Chartreux. De France, saint Bruno s'en fut en Italie, où le pape Urbain II lui offrit toutes les dignités ecclésiastiques, et où Roger, comte de Sicile et conquérant de la Calabre-Ultérieure, voulut contribuer par des présents à la fondation de la chartreuse de Squillacio. Saint Bruno refusa tout : la pauvreté, l'abstinence, la prière, la macération, qu'il avait imposées à ses ascètes, lui imposaient à lui-même l'obligation de repousser les dons de tous les seigneurs qui sollicitaient son intervention dans les affaires mondaines. L'indignation avec laquelle saint Bruno rejette les offres du grand comte Roger Ier a été traduite avec intelligence par M. JEAN-PAUL LAURENS.

Ton feuilleton du 8 mai m'indiquait, dans la salle n° 15, le *Sacrilége,* de CLAUDIUS JACQUAND, et le *Bagage de Croquemitaine,* de M. LOBRICHON. La comparution d'un pauvre diable d'hérétique devant le tribunal de l'Inquisition, est à la hauteur des tableaux de l'artiste auquel on doit le *Viatique, Thomas Morus,* l'*Ange de Paix,* l'*In pace, Charles Ier et ses enfants,* le *Droit de haute et basse justice,* et tant d'autres toiles réparties dans les musées du Luxembourg, de Versailles, de Lyon, de Rotterdam, de Hambourg, etc.

Quant au *Bagage de Croquemitaine,* il m'a entraîné à de longues et malheureusement stériles recherches. M. Lobrichon nous montre là quatre marmots écroués dans une hotte, tremblant de peur à l'idée que Croquemitaine va venir les emporter. Auprès d'eux est une petite fille non moins inquiète que ses camarades, quoiqu'elle ne partage pas leur captivité. Le farouche Croquemitaine est à la cantonade ; mais, comme dit Tacite : *Eo magis conspicuus quod non videtur.* En voyant cette composition amusante et fantastique, je me suis demandé : Qu'est-ce que Croquemitaine? J'ai consulté les dictionnaires, qui m'ont dit que c'était un être imaginaire et terrible, dont on a coutume de menacer les enfants; j'ai su par Littré que son nom ne se trouvait pas dans les anciens lexiques, et pourrait bien avoir pour racine, dans sa seconde moitié, le mot flamand *metjien* (petite fille); mais à quelle époque, par quel auteur, l'être imaginaire et terrible a-t-il été créé? Voilà ce que je n'ai pu découvrir.

Je quitte la salle n° 15, après avoir admiré des *Pêches* et des *Raisins* de KREYDER, une *Marine* de KUWASSEG et les *Chiens* de JADIN, le peintre ordinaire de la race canine. Me voilà dans la salle n° 16, et face à face avec mon vieil antagoniste Louis Veuillot. Je n'ajouterai rien à ce que tu en as dit ; je craindrais de n'être pas assez impartial. Je suis attiré, d'ailleurs, par le drame qui se passe à côté, sur la toile de M. JULIEN LE BLANT. Nous sommes le 20 janvier 1793, au palais ci-devant Royal, au restaurant Février. Michel-Louis Le Pelletier de Saint-Fargeau, membre de la Convention, achève un mo-

deste dîner, lorsqu'un homme armé s'avance
vers lui, en lui disant :

— N'es-tu pas Le Pelletier ?

— Oui.

— Ancien président à mortier au Parlement de Paris ?

— Sans doute.

— N'as-tu pas voté la mort du roi ?

— Oui, avec douleur, mais selon ma conscience.

— Eh bien ! reçois ta récompense !

Et d'un coup de sabre, il lui ouvre les entrailles.

L'assassin était Pâris, ancien garde du corps du comte d'Artois et garde constitutionnel de Louis XVI. Après son crime, il sortit si précipitamment du restaurant, qu'il se déroba aux poursuites. On ne le découvrit que quelques jours plus tard, dans une auberge de Forges-les-Eaux, et au moment où on allait l'arrêter, il se brûla la cervelle.

Je reviens à des sujets plus récréatifs.

Voici des branches d'aubépine, d'amandier, de pêcher en fleur, sur lesquelles voltigent gaiement petits oiseaux, papillons et scarabées. C'est le *Printemps*, de M. Lepic.

Dans une autre composition printanière, un *Beau Dimanche*, de M. Lafoulhouse, de jolies femmes, assises sur la terrasse de Bellevue, contemplent le splendide panorama qui se déroule à leurs pieds.

Avec M. Emile Lambinet, je revois la *Seine à Bougival*, limpide et reflétant les rayons d'un soleil d'été.

M. Lhermitte, qui a obtenu une médaille

de 2ᵉ classe, nous transporte en pleine moisson.

Une médaille de 2ᵉ classe a été également décernée à M. LECADRE, pour son tableau intité l'*Offrande*, dans lequel une jeune fille, soutenue par une sorte de matrone et accompagnée d'une servante, dépose sur l'autel de Minerve une couronne de lauriers. Le dessin est pur ; les lignes rappellent celles des vieilles toiles classiques ; mais pourquoi la jeune fille est-elle entièrement nue ?

Je ne m'en plains pas ; mais étaler ainsi des formes séduisantes, voilà, ce me semble, un étrange moyen d'honorer la déesse de la sagesse et de faire preuve de chasteté.

En entrant dans la salle n° 17, je trouve près de la porte *Le Roy s'amuse*, dont l'agencement m'indique un excellent élève de Gérôme. M. JULES GARNIER a peint François Iᵉʳ entre deux belles dames, au milieu de sa cour chatoyante et dorée, accompagné de son fou Triboulet, qui regarde d'un air sarcastique un grave magistrat, le seul personnage austère de la compagnie. *Le Roy s'amuse*, pendant que, par ses ordres, les bûchers s'allument pour les protestants.

Que d'artistes ont été séduits par la scène II de l'acte V d'*Othello*. M. CHARLES LOYEUX a rendu avec un profond sentiment la fureur jalouse du Maure qui contemple Desdémone endormie, avec l'intention bien arrêtée de l'étouffer, car il a jeté son épée en disant :

> .... I'll not shed her blood,
> Nor scar that whiter skin of hers than snow,
> And smooth as monumental alabaster.

Je ne verserai pas son sang; je n'entamerai pas cette peau plus blanche que la neige, et douce comme l'albâtre des monuments.

Mme MADELEINE LEMAIRE, dans sa *Colombine*, suit heureusement les traditions des Carle Vanloo et des Natoire.

La *Vestale Tuccia*, de M. HECTOR LEROUX, invoque la déesse avec un geste imposant, en élevant un crible qu'elle doit, par un miracle, conserver plein d'eau jusqu'à sa rentrée au temple. « Puissante divinité, s'écrie la prêtresse, si j'ai toujours approché tes autels avec les mains pures, accorde-moi de remplir ce crible de l'eau du Tibre, et de le porter jusqu'à ton sanctuaire. » Il y a beaucoup de noblesse dans l'attitude de Tuccia, beaucoup de recueillement dans celle des témoins de cette solennité.

Un second LEROUX (Marie-Guillaume-André), de Nantes, reproduit les sites de son pays natal. Je puis louer sans réserve sa *Vue prise au Pasquiau*, près Paimbœuf; ses grands châtaigniers qui se mirent dans les eaux; son *embouchure de la Loire*, dont les flots se confondent avec la mer.

M. Leroux a un fils qui a exposé aussi *la Loire près Paimbœuf*.

Un quatrième LEROUX (Eugène) fait ressortir la naïve extase d'un *Vieil amateur*, devant une belle potiche de faïence de Rouen. Le vieux collectionneur est entouré de heaumes, de brassards, de cuissards, d'émaux de Limoges, de porcelaines de Chine ou du Japon, et il a retrouvé, pour admirer ce précieux bric-à-brac, toute la verdeur de sa jeunesse.

Avant de finir ma course, je veux insister encore sur le mérite solide des tableaux d'Armand Leleux ; j'ai encore à signaler le *Vésuve*, de M. Legendre. La vue est prise du Castello dell' Uovo ; le golfe de Naples étend devant nous sa nappe d'azur ; et à droite de l'entrée de la rade, se dressent les deux cimes du Vésuve, l'une éteinte, l'autre couronnée encore d'un noir panache de fumée.

Mais les jambes et les yeux me refusent le service, j'éprouve un malaise que je ne saurais conjurer qu'en descendant au buffet.

Serais-je menacé du lumbago ?

Fais des vœux pour que je l'évite, et crois-moi bien ton dévoué,

ÉMILE PATUROT.

XIII

SUITE DE LA PEINTURE

Nestor reparaît. — MM. Morloz, Lemaire, Leclerc, Moreau, Munkacsy, Mme Teullier. — Meissonier fils. — La Mer du Nord et le Coup de vent. — Le réveil. — Mlle Mikueska. — La Danse antique. — MM. Mesgrigny, Monginot, Adrien Moreau, Mussini, Michel, de Nittis, Pérignon, Machard, Gaston et Lucien Mélingue. — Messieurs du Tiers. — Paysages et marines. — Vivent les enfants de l'Alsace ! — A l'enseigne du Lion d'or. — Mme Judic. — Les chanvrières. — Ivan le Terrible. — MM. Matejko, Pils, Princeteau, Maisliat, Chaplin, Pâris, Palizzi. — La *Mandolinata.* — MM. Perrault, Rosier, Ranvier, Saunier, Schenck, Ph. Rousseau. — Strophes d'Émile Augier. — MM. Bezé, Gaston Saint-Pierre, Tony-Robert Fleury. — Charlotte Corday. — Encore une Odalisque ! — Mlle E. Tourny. — MM. Schutzenberger, Schneider, Thirion, Toulmouche, Trayer, Ullmann, Vinchon, Saintin. — L'école Cochin. — La vingt-quatrième salle.

> En appelant à Dieu du sort de la patrie
> Fièrement elle espère, et fervente elle prie.

M. PAUL MORLOZ a parfaitement exprimé tout ce que ces deux vers renferment dans la belle tête d'Alsacienne que nous avons sous les yeux.

Voilà, mon cher oncle, ce que je tenais à vous montrer en reprenant avec vous la suite de nos pérégrinations à travers le Salon, interrompues par mon indisposition d'hier, sans que le public s'en soit aperçu, grâce à votre verve inépuisable.

Du reste, j'ai mis à profit ce temps d'arrêt pour jeter un coup d'œil sur nos premiers travaux, et j'ai vu que nous avions assez complétement rendu compte, dans notre première visite, des salons qui nous restent à parcourir, de telle sorte qu'il nous sera possible de marcher plus rapidement.

C'est ainsi que nous n'avons rien à ajouter à ce que nous avons dit du beau tableau représentant un *Bouquet de Fleurs des champs*, par M. LEMAIRE, et de celui qui peut lui servir de pendant, de M. LECLERC : *Fleurs, Armes persanes et Etoffes japonaises*.

— Je demande un moment d'arrêt devant ce petit tableau de CHARLES MOREAU, portant le titre : *Chez les grands parents*. Est-il heureux, ce grand-papa, en donnant à son petit-fils si attentif une leçon sur le petit tambour dont il vient de lui faire cadeau ! Et comme la bonne grand-mère rit avec bonheur en tournant la tête de leur côté, tout en continuant à filer !

Il y a dans tout cet intérieur un air de joie et de contentement dont la vue repose.

— Il n'en est pas ainsi dans ces deux tableaux de M. MUNKACSY, représentant le *Mont-de-Piété* et les *Rôdeurs de nuit*. C'est là de la peinture réaliste énergiquement faite.

Dans le premier s'étalent les différentes couches de la misère : depuis la lorette qui apporte un écrin de bijoux, afin d'acheter des colifichets pour se rendre à un nouveau rendez - vous, jusqu'à cette malheureuse mère qui apporte ses pauvres hardes pour donner du pain aux deux enfants qu'elle traîne avec elle. On y voit encore l'ouvrier blessé condamné au repos, qui apporte sa montre, et le musicien, réduit à la dernière extrémité, qui est obligé d'emprunter sur son gagne-pain, sur son violon !

Au milieu de toutes ces douleurs, l'indifférence et l'insensibilité du buraliste forment un contraste très bien observé.

Les *Rôdeurs de nuit* sont non moins saisissants : ils sont quatre, parmi lesquels trois qui ne rougissent plus, et qui montrent effrontément leurs visages cyniques.

Quant au quatrième, c'est un jeune débutant encore novice et honteux ; il rabat son chapeau sur sa figure ; le tablier de travail qu'il porte prouve qu'il n'a pas tout à fait déserté l'atelier.

Les quatre prisonniers, conduits par deux soldats, sont regardés avec étonnement par les marchandes de légumes, qui sont en train de s'installer, et par quelques enfants qui se rendent à l'école.

En résumé les deux tableaux de M. Munkacsy sont bien peints et bien observés.

— Mais où ces sujets peu gais trouveront-ils à se caser dans le grand format que l'auteur leur a consacré ?

Il me semble que je connais cette vue avec laquelle Mme Louise Teullier a fait un agréable paysage. Mais oui ! C'est la *Source de Tourlaville*, près Cherbourg. Parfait !

— Comment ! cette jeune femme dont le corps, vêtu d'une robe noire, est arrêté dans les joncs s'est suicidée ? Elle avait perdu celui sans lequel elle n'était plus rien sur la terre. M. Constantin Meunier a fait un très beau tableau de cette scène de désolation.

— Nous sommes en présence de l'exposition de M. Meissonier.

— Tiens, je croyais que Meissonier n'exposait plus.

— En effet, les tableaux qui figurent à cette exposition sont de Meissonier sans l'être. Ils sont de Meissonier fils.

Chacun de ces tableaux, bien qu'ayant des parties réussies et étant en général bien peint, fatigue le spectateur par un papillotage qui est dû à la grande lumière recherchée par l'artiste.

Les tableaux de M. Meissonier fils ressemblent à ces photographies où le photographe ayant un arbre à faire, croit arriver à un meilleur résultat en attendant l'instant où cet arbre est éclairé par le soleil.

Il obtient des parties brûlées, où l'excès de lumière a emporté tous les détails, et des parties d'un noir absolu, dans lesquelles la vive lumière des parties avoisinantes ne permet pas à l'œil d'apercevoir le moindre modelé.

Le photographe habile choisit, au contraire, le moment où le soleil projette au travers des nuages, qui interceptent ses rayons directs, une belle, douce et uniforme lumière qui pénètre partout et donne du modelé, non - seulement aux parties plus éclairées, mais encore à celles laissées dans l'ombre.

M. MEISSONIER a donné la préférence au premier système dans son *Jardin du couvent Saint-Barthélemy*, à Nice, et il a obtenu cette succession de lumières et d'ombres qui fatiguent la vue et détruisent tout effet général.

Même chose chez son *Fripier*.

Dans le *Chapelain faisant la lecture à la famille d'un baron du moyen âge*, ce défaut est quelque peu atténué, parce que la lumière venant de la fenêtre est un peu moins vive et un peu moins directe.

Cependant, il existe encore en partie, et il a pour effet de défigurer les personnages, et particulièrement la jeune femme, dont le nez semble considérablement grossi par l'ombre trop accentuée qu'il projette sur la joue.

— C'est fâcheux, car il y a de jolis détails de costumes et des étoffes très bien rendues dans ce dernier tableau.

Décidément, le climat du Nord convient aux peintres, et M. MESDAG (de Groningue) n'est pas inférieur à M. Gegerfelt, de Gothembourg (Suède), dont nous admirions dernièrement les effets de neige et de mer houleuse.

Cet hiver à Scheveningue est loin d'être monotone, malgré la neige qui couvre la terre. La mer, les barques et le ciel fournissent à M. Mesdag, malgré la teinte grise qui prédomine, l'occasion de montrer qu'il est un habile coloriste. Les mêmes qualités se retrouvent dans sa *Mer du Nord*.

20.

— Encore un autre peintre, né dans les mêmes contrées, M. LANGEROCK, qui nous a envoyé un tableau très remarqué. Son *Coup de vent* est d'un grand effet : les nuages noirs courent au triple galop, et tout courbe la tête à leur passage ; l'obscurité qu'ils répandent n'empêche pas de voir la tourmente qu'ils traînent à leur suite.

— Eh ! eh ! pas mal, ce réveil, de M. LE FORT DES YLOUSES ! Il a choisi un beau type et la pose de cette dame, sans le moindre voile, étendue sur le dos avec une jambe levée et les bras placés au-dessus de la tête, ne manque pas de charmes.

— Signalons également le portrait exposé par Mlle ISIDORINE MIKUESKA, qui me paraît ne pas devoir être relégué dans la catégorie des peintures sans caractère et sans valeur.

— J'aime assez cette *Danse antique* de M. LOUIS MATOUT. Ce tableau, d'un coloris très frais, est également remarquable par son dessin soigné.

On ne voit que le bas de la figure de la danseuse. Ce bas de figure charmant et la bouche délicieuse qui l'accompagne tiennent le spectateur un moment en suspens. Il semble espérer que le corps du danseur qui cache le surplus de ce joli minois, va s'écarter dans un balancement et permettra de la voir dans son entier.

Deux jolis petits paysages de MESGRIGNY méritent une pose en cet endroit : les *Bateaux-lessives* et *Un Bac sur la Seine*. Les pêcheurs, dans ce petit coin bien tranquille et bien frais, doivent y être joliment à leur aise !

— Voilà un *Bébé aux cerises* qui ne donnerait pas son panier pour un trésor !

— C'est une jolie pochade de Monginot, qui a aussi envoyé un gai et élégant tableau intitulé : *Un Puits.* Des colombes jouent sur la margelle de ce puits, où un rosier grimpant étale ses panaches de fleurs, tandis que des lapins croquent à belles dents des choux déposés au pied du puits. Le soleil joue en chatoyant au milieu de tout cela, et produit un très joli effet.

—Comment *Une Sortie de bal !*... le livret doit s'être trompé ! C'est une entrée de bal que M. Adrien Moreau a voulu nous faire voir ! Tous ces costumes frais et pimpants, toutes ces dentelles fièrement relevées, toutes ces figures calmes et bien attifées, toutes ces coiffures intactes sont loin d'indiquer la fin d'un bal. Tout ce monde-là paraît plus disposé à entrer en danse qu'il ne semble en venir.

A part cela, les costumes sont ravissants, et dénotent qu'il s'agit d'un bal de grand ton.

— Il y aurait peu de choses à dire sur le *Néron* de M. Mussini ; si le public, attiré par l'aspect de ce palais romain, ne nous demandait des détails que je vais prier l'oncle Emile de fournir.

— Je les emprunte à Suétone :

Informé des progrès de l'insurrection, Néron se lève au milieu de la nuit et court la ville à la recherche de ses amis. Après avoir sans succès frappé à toutes les portes, il rentra au palais au point du jour. La chambre à coucher est déserte ; les gardes et les esclaves ont fui, enlevant les couvertures du lit et la boîte au poison. Ayant vainement appelé quelqu'un qui voulût le tuer, Néron s'écria : « Je n'ai donc ici ni ami, ni ennemi! »

Ainsi finissent les tyrans et croulent les plus grands potentats, quand ils n'ont pas eu pour principes l'honnêteté et l'amour du peuple ! Ils meurent seuls et n'ayant plus un seul ami.

— Les paysages de M. François Michel, de Metz, méritent qu'on s'y arrête. Sa *Fin de mars*, où les cerfs vienennt boire à la rivière, et sa *Matinée d'été*, où une aimable baigneuse se prélasse dans un joli fond, au milieu des fleurs, forment deux tableaux remarquables.

Toutefois, M. Michel fera bien de varier l'essence de ses arbres, qui sont un peu monotones par suite de leur aspect trop uniforme.

— *Fait-il froid!* et *fait-il chaud!* dans ces deux jolis petits tableaux de M. Joseph de Nittis!... Je ne conseillerais pas aux deux jeunes femmes qui courent à travers les coquelicots et les blés dorés du second de ces tableaux en s'abritant sous un grand parasol chinois, d'aller prendre place à côté de leurs compagnes qui, dans le premier, ont le nez pris, malgré leurs voiles et leurs capuches.

Cela ferait trop bien l'affaire du docteur, du pharmacien, et peut-être pis que cela encore !

Mais quelle est cette belle Majesté si bien accoutrée et si rondelette dans cette belle robe bleue tendre surmontée d'un dolman de velours rouge richement brodé?

— Comment ! vous ne l'avez pas reconnue ? Mais c'est *la Grande - Duchesse de Gérolstein* elle-même , en la personne de de Mlle Schneider, et, qui plus est, peinte par M. Pérignon.

— Eh bien ! en voulant flatter et rajeunir cette gracieuse souveraine, ce peintre courtisan n'a pas complétement réussi. Je préfère cent fois les traits un peu plus accentués et l'air décidé du modèle.

Mais on dirait qu'elle a quelque chose qui la tourmente.

— Parbleu ! c'est la *Sélené* qui est en face d'elle et dont le costume léger nuit auprès des amateurs aux brillants atours de la duchesse. Est-elle en effet élégante cette blanche fille des airs ?

... Salut ! souveraine déesse à l'arc divin, qui, montant lentement dans le ciel étoilé, répands autour de toi la blanche clarté...

M. Jules Machard a parfaitement rendu cette strophe. Sa Sélené s'élève tranquillement et sans efforts dans les airs, et l'on voit qu'elle est habituée à hanter les nuages et à traverser l'éther.

— En faisant ce métier, Sélené a conservé toute son élégance et n'a pu acquérir ce léger embonpoint dont M. Pérignon a peut-être un peu trop gratifié la *Grande duchesse.*

— Quel charmant portrait de jeune fille ce même peintre a également exposé ! Avec sa *Dormeuse* qui est également jolie, mais que j'aime moins.

> — Comme de fait, en la rase campagne,
> Deux gentilshommes au pays de Champagne,
> Le rencontrant tout seul et cheminant
> Non pas vêtu comme on est maintenant.

Cette strophe de la légende du juif errant, par le bibliophile Jacob, a inspiré GASTON MÉLINGUE dans son tableau du *Juif errant*.

Quant à LUCIEN MÉLINGUE, il a traduit en un tableau très remarquable et très remarqué représentant *Messieurs du Tiers* pataugeant à la porte du château de Versailles, avant la séance royale du 23 juin 1789, cette phrase des mémoires de Bailly :

> ... Veuillez rejoindre M. de Brézé, dis-je à M. de Guiche, et le prévenir que les représentants de la nation ne peuvent pas rester où ils sont; qu'ils n'attendront pas plus longtemps, et que si l'on n'entre pas dans l'instant, ils vont se retirer.

Ne quittons pas cette salle sans mentionner la mer bleue et diaprée par les mille couleurs du soleil couchant, de MASURE ; l'*avant-port du Havre*, qui a valu une médaille à M. MOLS pour son très beau coloris ; l'étrange tableau de MANET ; *Pernelle la fileuse*, si expressive, de M. HUGUES MERLE, et enfin, le *Bain*, blonde et facile peinture de M. JULES MEYNIER.

Dans le salon suivant (n° 20) les regards sont tout d'abord attirés par le *Combat sur une voie ferrée*, de M. DE NEUVILLE, qui a figuré dans les scènes militaires si bien décrites à cette même place par le cousin Joseph.

Le même peintre a exposé la *Récolte du varech*, à Yport ; la mer s'est à peine retirée, et ses dernières vagues viennent encore couvrir d'écume les roches mises à nu que les femmes de pêcheurs viennent enlever par brassées le varech déposé par les flots.

C'est un tableau vigoureux et largement peint.

— Mais il y a de fort belles choses dans cette salle, et j'admire la *Tentation* de M. Némoz, qui nous représente, sous ce titre, un superbe et plantureux corps de femme, admirablement peint, très vivant et très nature.

— Ce tableau est, en effet, un des plus remarquables dans ce genre ; mais, mon cher oncle, ne négligeons pas pour ces exhibitions charnelles, le côté sentimental, et, à ce titre, examinez ce petit tableau de M. Camille Pabst, qui n'est pour cela ni moins frais, ni moins agréable à l'œil. Voici ce que dit la légende :

Des Alsaciens préparent des couronnes pour aller fêter la rentrée des troupes françaises dans les villes de l'Est.

M. Pabst est un enfant de l'Alsace. Vivent les enfants de l'Alsace !

L'Enfant malade et la *Branche de buis* qu'une jeune fille place à la tête de son lit, sont deux charmants petits tableaux.

— Eh bien ! je me rends compte de l'état dans lequel sont tous ces personnages qui attendent le dîner avec d'autant plus d'impatience qu'ils ont pénétrés dans la cuisine de l'hôtel du *Lion d'or*, et que leurs papilles sensitives sont surexcitées par les fumets qui s'élèvent de ces broches, de ces casseroles, de ces fours, etc.; il ne manque pas de victuailles : poissons, gibier, légumes, volailles, écrevisses, tout cela existe par tas !

Mais pourquoi aussi le chef laisse-t-il ainsi envahir son tabernacle, et pourquoi laisse-t-il de plus ces jeunes et ces vieux galants lutiner ces jeunes servantes chargées de le seconder ?

M. Jules Noel a très bien rendu tout cela.

— Approchons, examinons ce merveilleux paysage plein de lumière, de chaleur et d'étendue, qui est l'œuvre de M. Nazon.

— Nous avons eu tort de trop nous rapprocher ! tout ce bel effet est gâté par ce balai planté, en guise d'arbre, au premier plan, et dont le fouillis sans forme est en complète discordance avec les fonds admirables et les tons dégradés si bien observés dans les autres parties du tableau.

Eh ! *mais !* voilà un minois qui ne manque pas de charmes !

— Comment en serait-il autrement ? C'est tout simplement le portrait de Mme Judic en robe de velours noir, et qui fait tous ses efforts pour être sérieuse et pour ne pas rire.

— Et même pour être sévère, ce qui lui fait faire cette gentille moue que M. Piat-Normand a très bien rendue.

Un mot, pour finir l'examen de cette salle, en faveur des *Teilleuses* de M. Ronot, autrement dit les chanvrières, fort bien étudiées et fort agréablement peintes.

Pour aller retrouver la salle n° 21, nous

allons traverser de nouveau la salle n° 8, où nous avons laissé quelques tableaux en arrière.

C'est d'abord ce grand tableau historique qui est presque le seul de ce genre à l'Exposition. M. JEAN MATEJKO, élève de l'Ecole des beaux-arts de Cracovie (Autriche), a représenté la scène ainsi décrite dans le livret :

Le czar Ivan le Terrible, réduit par les armes polonaises à la dernière extrémité, en 1582, avait su intéresser à sa cause, en lui promettant d'embrasser le catholicisme, lui et son peuple, Antonio Possevini, nonce apostolique.
Devant la ville de Peskow, celui-ci présente à Etienne Bathori, roi de Pologne, les envoyés d'Iwan apportant le pain et le sel en signe de soumission.

Cela se passait il y a trois cents ans !

Les choses sont bien changées depuis, et les czars, sans porter la qualification de Terrible, se sont bien vengés de la situation dans laquelle le czar Ivan s'est trouvé devant le roi de Pologne.

On ne saurait nier au tableau de M. Matejko la couleur locale ; il en est couvert ; toutes les têtes qui y figurent ont un type particulier, et l'on ne sait dire quel est le sentiment auquel obéit Etienne Bathori, tant il regarde avec indifférence, et presque avec dédain, les envoyés d'Ivan qui se prosternent à ses pieds. Les détails de costume sont très bien exécutés et très brillants, mais les physionomies, en général, n'ont pas l'air de celles de gens qui sont acteurs ou spectateurs d'un si grand drame.

En face de ce tableau se trouve celui de

M. Pils, représentant le *Jeudi Saint en Italie dans un couvent de Dominicains.* Tout ce qu'on peut en dire, c'est que ce lavement des pieds des enfants est un acte de convention qui s'accomplit froidement et qui a laissé froid le peintre, de même qu'il laisse froids les spectateurs.

— A tout seigneur, tout honneur! Inclinons-nous, en passant, devant le *Portrait du président de la République,* par M. René Princeteau.

— Voilà de bien beaux bouquets! celui de M. Joanny Maisliat, composé de roses mousseuses et de roses thé, et les deux de M. Perrachon, représentant également de superbes roses. Ce qui me frappe, c'est que M. Maisliat et M. Perrachon sont tous les deux élèves de l'Ecole des beaux-arts de Lyon.

— Lyon, patrie de Saint-Jean, a toujours tenu à avoir d'habiles peintres de fleurs et d'ornements au service de sa grande industrie. Mais je m'aperçois que dans notre première partie nous avions oublié de parler du beau portrait de Chaplin, ainsi que des *Souvenirs d'Auvergne,* jolie toile de Champion. Réparons par cette mention cette omission involontaire.

C'est un médaillé qui nous offre la bienvenue dans la salle 21. M. Camille Paris nous présente ses *beaux Taureaux* paissant dans une étendue de pays à perte de vue, de la campagne de Rome.

Mais je m'aperçois que nous avons déjà dit beaucoup de choses sur ces derniers sa-

lons, et que ce serait s'exposer à des redites
que de parler du grand *Paysage* de PALIZZI,
où des ânes se prélassent en pleine forêt.

Mais, ma foi! quitte à me répéter, je ne
peux me dispenser de signaler de nouveau
toute la grâce et tout l'éclat de couleur jetés
par M. ÉDOUARD ROSHTER dans son *Una
Mandolinata*.

— Tu ne diras plus que je ne m'arrête
qu'aux sujets féminins ; je te signale ce *Premier deuil* de M. PONSON, où Ève se tord et
se lamente aux pieds d'Adam, en présence
du cadâvre d'Abel. C'est de la grande et
belle peinture, n'est-ce pas? et le jury a eu
raison de lui décerner une médaille.

Mais je ne puis passer, sans la contempler,
devant cette *Moissonneuse endormie sur la
gerbe*, de M. LÉON PERRAULT.

— Le même peintre s'est inspiré des vers
suivants pour faire ce très joli et très gracieux tableau de *l'Amour rebelle :*

Viens dans mes bras, enfant, et ne sois plus rebelle;
Cède au doux sentiment qui me doit embraser ;
Viens, l'amour est divin; viens, je suis jeune et belle,
Et ton front rayonnant appelle mon baiser.

Terminons cette salle en admirant ces
deux *Vues de Venise*, de M. AMÉDÉE ROSIER.
L'une est prise à l'heure du crépuscule : une
éclaircie qui vient de se faire dans le ciel
donne à ce tableau un grand caractère, de
même aussi que les lumières qui brillent
dans toutes les gondoles.

Le pendant représente un effet de jour.
De légers nuages arrivent de l'horizon ,
mais ils ne peuvent lutter contre l'ardeur du

soleil, ni voiler le ciel azuré qui se reflète dans les flots.

Je revois avec grand plaisir le *Prométhée délivré* de RANVIER.

Ranvier a fait là un excellent tableau à tous les points de vue, excellent comme facture, excellent comme sentiment ; la façon dont Hercule est musclé est particulièrement remarquable. Quant aux deux figures qui assistent à cette délivrance, leur émotion dit tous les sentiments dont elles ont l'âme pleine.

— Quel harmonieux effet M. NOEL SAUNIER a su tirer de son *Ophélie* emportée par le courant et dont la blanche robe concentre tout l'effet lumineux du tableau au milieu des joncs, des nénuphars, des herbes fleuries et des arbres de la rive qui projettent tout autour toutes les nuances vertes imaginables.

— Je n'ai pas à revenir sur ce que j'ai dit des deux beaux troupeaux de moutons de M. SCHENCK, l'un au milieu des flocons de neige, l'autre au milieu des fleurs de bruyères, tous les deux dans les montagnes d'Auvergne. Mais j'ai une omission à réparer, c'est *la Fête-Dieu*, de PHILIPPE ROUSSEAU, tableau éclatant dans lequel se trouvent réunis tous les préparatifs d'un reposoir : riches tentures de velours, vases remplis de fleurs, flambeaux garnis de bougies, encensoirs, corbeilles pleines de feuilles de roses, etc.

Philippe Rousseau s'est inspiré, pour peindre cette belle toile, des deux strophes suivantes d'Emile Augier :

Tous se sont cotisés pour la fête de Dieu.
Dévotes de village et dames de haut lieu
    Apportent leurs dons pêle-mêle,
Ceux du riche à côté de ceux de l'indigent,
Le chandelier de cuivre et les flambeaux d'argent,
    La serge auprès de la dentelle ;

La Vierge de faïence, aux rustiques atours,
Sourit au Christ d'ivoire encadré de velours ;
    Et pour harmoniser les choses,
Sur ce fouilli d'objets bigarrés, le soleil
Laisse tomber un pan de son manteau vermeil,
    Et le printemps jette ses roses.

La *Ferme de Karoual*, dans les Côtes-du-Nord, a fourni à M. Alexandre Bezé un pittoresque modèle, très bien rendu par lui.

— Oh ! ! ! que voilà un délicieuse création et une délicieuse peinture ? c'est *Nedjma - l'Odalisque*, de Gaston Saint-Pierre. Il n'y a pas besoin de demander si c'est une juive, mais dans cette prunelle noire et dans cette noire chevelure, il y a un je ne sais quoi de jeune et de naïf qui me prend.

— Voyons, mon oncle, ne vous laissez pas prendre. Venez, détournez vos regards de Nedjma et portez-les sur cette *Charlotte Corday* de Tony-Robert Fleury, et lisez ce passage de l'histoire des *Girondins* de Lamartine, que le peintre a parfaitement résumé et traduit :

... Son esprit la portait à la lecture des œuvres de philosophie et des livres d'histoire . Elle était arrivée à cet état désespéré de l'âme qui est le suicide du bonheur, non au profit de la gloire ou de l'ambition, comme M\u1d50\u1d49 Roland, mais au profit de la liberté et de l'humanité, comme Judith ou Epïcharis. Il ne lui manquait plus qu'une occasion : elle l'épiait, elle crut la saisir...

Reposez encore votre esprit dans ces deux paysages calmes et agrestes de M. Léon Bichat, où ne se trouve pas la moindre Odalisque; et enfin, pour calmer les ardeurs que la belle peinture de M. Saint-Pierre a réveillé dans votre cœur, faites un moment pénitence devant les portraits tatoués de Ribot.

— J'aime mieux autre chose, et ces trois figures maculées de noir me font fuir vers la salle 23.

... Et je ne m'en repens pas devant cette délicate *Fiancée* si bien reproduite par Mlle Ernestine Tourny et devant cette *Batelière* de Schutzenberger dans la barque de laquelle j'entrerais volontiers, tant ce fils de l'Alsace a donné de charmes à cette jeune fille et à son paysage.

—Les deux autres tableaux de M. Schutzenberger, le *Cavalier* et *l'Amazone* ne sont pas inférieurs à la *Batelière.*

— Voulez-vous bien vite vous raccomoder, et qu'est-ce que cela veut dire, une brouille entre vous, entre berger et bergère?

M. Schneider ne vous a, je crois, brouillés que pour vous donner ces poses charmantes que vous avez l'un et l'autre.

— Comment! une autre *Rosée,* après celle de Carolus Duran! C'est hardi, M. Thirion; mais vous avez bien fait d'avoir cette hardiesse, car vous avez parfaitement réussi, et vous avez, tout en donnant à votre figure la même pose que celle adoptée par M. Carolus Duran, évité l'écueil des salières produites par les bras levés, vous avez su parfaitement vous tirer de cette difficulté, dont on ne se doute pas, tant tout est naturel dans la pose de votre jeune fille. Malgré l'inflexion d'une des jambes, les hanches sont bien placées et ne présentent aucune disgracieuse anfractuosité. La tête de votre *Rosée* est charmante, et vous avez placé sa personne élégante dans un joli paysage représentant la vraie nature. Vous avez fait là de la bonne peinture.

M. TOULMOUCHE, qui nous avait montré, il y a quelques années, l'effet produit sur des jeunes femmes par le fruit défendu, présenté sous la forme d'un livre dérobé à la bibliothèque secrète du mari de l'une d'elles, a voulu cette année réagir contre le venin qu'il avait ainsi répandu.

N'allez pas croire, en effet, mesdames, que tous les livres sont faits pour faire palpiter vos seins et monter l'incarnat à vos joues, comme celui qui avait causé l'émoi des premières élèves de M. Toulmouche. Voyez celles-ci : elles ont également mis les mains dans la bibliothèque de Monsieur, mais toutes les deux, madame et sa complice en curiosité, ont été plongées par leur lecture dans un profond sommeil.

Il n'en est pas de même parmi ces jeunes filles si laborieuses et si attachées à leur travail. M. TRAYER nous met en présence d'un atelier modèle de *Couturières*.

Pas le plus petit mot pour rire !

— Je suis enchanté d'avoir été attiré par cette *Paysanne de la Creuse*, occupée à filer, et qui semble vivante, tant elle est nature, parce que je viens de reconnaître qu'elle est de VICTOR THIRION, l'auteur de la *Rosée*, devant laquelle nous nous sommes arrêtés tout à l'heure, et qui a été acclamée par nous à l'unanimité :

Ces deux peintures se complètent, et leurs qualités incontestables méritent un hurrah pour M. Thirion.

— J'aime assez ces *Gitanos de l'Albaycin de Grenade*, pleins de mouvement et pleins de couleur locale ; et cependant ce tableau, qui sent l'Espagne à plein nez, est l'œuvre d'un enfant de la blonde Alsace, de M. BENJAMIN ULLMANN. Malgré l'immobilité de la peinture, on croit remarquer, tant la pose est exacte, le mouvement des hanches des danseuses, dans la cachucha qu'elles exécutent.

— La fable de La Fontaine, *Les petits poissons et le pêcheur*, a fourni à M. RENÉ VINCHON, élève de son père, l'occasion de faire un très joli petit tableau où son petit pêcheur est fort bien campé.

— Heureusement que Jules n'est pas avec nous aujourd'hui, cela me permet de regarder à l'aise la jolie blanchisseuse, la jolie veuve et la jolie jardinière de M. EMILE SAINTIN, qu'il voulait toutes les trois croquer lors de notre première visite. Si on n'avait pas l'œil sur ce gaillard-là, quelle indigestion il se donnerait !

Quant à moi, qui sais me modérer, et ne prendre de chaque chose que la dose voulue, je t'avoue que je les trouve encore plus jolies que la première fois, et je ne serais pas fâché d'avoir une blanchisseuse de ce numéro.

— Mon oncle ! ne gâtez pas cette dernière journée, car nous approchons du terme de nos travaux, et laissez à ceux qui nous écoutent un souvenir de vous, digne de l'auréole grise qui couronne votre occiput.

Tenez ! voyez tous ces jeunes enfants qui prennent une leçon de dessin à l'école Cochin ! Pas un ne songe à autre chose qu'à l'œuvre qu'il accomplit, et M. Auguste Truphème a rendu de main de maître l'attention émérite de tous ces jeunes gars, dont l'assiduité et la bonne conduite déterminent l'air de satisfaction de l'homme bienveillant qui les instruit.

Nouvelle excursion dans les contrées neigeuses. M. Van Hier nous fait voir les *Environs d'Anvers* par un temps de neige et de brume. C'est réussi.

— Oh ! les charmantes personnes ! Quelle délicatesse de touche dans ces deux physionomies ! et dans ces élégants costumes de soies et de dentelles !

— Parbleu ! cela ne me surprend pas, il n'y avait que des doigts de femme capables d: telles délicatesses. Ce petit tableau, intitulé le *Bouquet*, est de Mlle Jeanne Samson. Ces deux jeunes femmes sont dans une serre, où elles sont en effet occupées à faire un bouquet.

— Un mot, en passant, pour la *Récolte des pommes de terre*, de M. Sadée, et pour les femmes bien étudiées qu'il a employées à cet ouvrage.

— *Frère et Sœur*, de M. Schlesinger, nous présentent deux bien jolies figures, qui, avec les détails réussis du costume, constituent un fort gracieux tableau.

— Nous arrivons à la salle 24, où tout d'abord apparaissent les deux beaux et grands paysages, la *Plaine* et la *Forêt*, de Van Marcke, et au milieu d'eux le chaudron resplendissant de Vollon.

— Pas si resplendissant ! N'oublie pas ce que tu as dit du chaudron de M. Even, et de la préférence que tu as marquée pour le cuivre jaune dont il est fabriqué, sur le cuivre rouge auquel M. Vollon a donné cette fois la préférence.

Mais il y a de bien jolies choses dans cette dernière salle, et il faut tout d'abord que je m'amuse à contempler à l'aise ce tableau que M. Vibert se contente d'appeler la *Réprimande* — probablement parce qu'il appartient à miss Wolfe, — mais qui dit bien d'autres choses.

Voyons ! Est-ce une simple réprimande que cette scène qui se passe devant M. le curé, au milieu de son repas ?

La mère vient d'amener sa fille devant ce tribunal sacré, et on dirait, tant ses mains sont crispées et furieuses, qu'elle veut arracher les yeux à la pauvrette, qui ne peut que les baisser en rougissant.

Quant au curé, il est devenu pourpre de ce qu'il vient d'entendre, et à l'ouverture démesurée de ses yeux écarquillés, à la lippe qu'il avance, on comprendra que la révélation est monstrueuse et difficile à avaler.

Cela peut s'appeler une confession forcée, car évidemment la mère vient de faire, pour le compte de sa fille, un aveu que celle-ci se refusait à laisser échapper.

Les expressions sont parfaites, chacune dans leur rôle, et l'ensemble du tableau est agréable en même temps qu'amusant.

— Un autre Alsacien, M. Zuber, a fait deux bien beaux paysages : l'un représente *Hylas et les Nymphes*, avec lesquels M. Blanchard nous a déjà fait faire connaissance ; et l'autre, les *Abords d'une ferme en Normandie*, avec eaux, lavandières, canards, vaches et poules.

— Ne pas confondre M. Zuber avec son homonyme Zuber Bulher, celui-ci Fritz, dont il faut admirer le petit tableau : les *Nouveau-nés*. Sont-ils vifs, gaillards et pimpants, tous ces petits poussins voulant à toute force sortir de la corbeille que tiennent deux charmants enfants ? Voilà ce qui s'appelle un délicieux tableau de genre !

— Une mention honorable pour la belle *Vue de Venise* de M. William Wyl.

Encore une joie pour moi ! Mais c'est une petite merveille que je viens de découvrir dans cette *Corbeille de mariage* de M. Adolphe Weyss ; finesse, coloris, élégance, tout est réuni dans ce petit tableautin où une jeune mariée, rougissant de plaisir et d'émotion, contemple, en compagnie de son amie intime, les merveilles de la corbeille.

Le temps et la place nous manquent, et déjà retentit au fond des salles le cri de la dernière heure : *On ferme !*

Notons au passage l'*Herbage normand*, dans lequel M. Wuillefroy a placé de très belles vaches; le *Bois de hêtres à Durehaven*, de M. WAHLBERG; le *Printemps*, sous la figure d'une belle jeune fille, de M. VILLA; le *Dernier rayon*, très beau soleil couchant, de M. VÉRON; les *Bergers kabyles*, de M. WASHINGTON.

— Je demande quelques minutes d'arrêt devant les deux très belles toiles de M. VEYRASSAT : l'une intitulée les *Dernières gerbes*, et l'autre la *Charette en forêt*. Il y a dans la peinture de M. Veyrassat une touche toute particulière; et l'on peut dire, en examinant attentivement chacun des détails de ces tableaux : c'est crânement fait !

La Dernière gerbe, qu'emporte le chariot chargé d'épis et qu'accompagnent les moissonneurs revenant au village après l'œuvre terminée, est tout simplement splendide.

— VIOLLET LE DUC mérite aussi une mention toute particulière pour ses deux tableaux des *Environs de Cannes*.

—Allons ! voilà notre tâche remplie. Nous pouvons maintenant laisser les gardiens crier tout à leur aise : *On ferme ! on ferme !* Nous ne serons pas pris dans la bousculade.

— Pardon ! nous allions commettre une injustice en faisant une omission déplorable. Voyez donc quel air de désolation et comme ces deux femmes personnifient la douleur.

Mme ZETTERSTROM nous montre un *Berceau vide* qu'étreint convulsivement la mère éplorée et inconsolable, tandis que la grand'mère suit d'un œil morne le convoi qui s'éloigne en emportant l'enfant qu'on ne reverra plus jamais !

XIV

DESSINS — AQUARELLES — PASTELS — ÉMAUX — GRAVURES

Lettre de Joseph Paturot. — La galerie incommode. —
MM. Allongé, Appian, Araujo, Baron, Batut, Ém. Bayard.
— Les deux geais. — M. Brindesi. — Les faïences de
Mme Canoby. — Un portrait par Mlle Fideline Choël. —
La femme japonaise de M. Cortazzo. — M. Duvaux. —
Horrible! horrible! — M. Favard. — Français, aquarel-
liste. — Mme P. Girardin. — Les peintres de fleurs. —
Mlle Noël-Parfait. — MM. Knitel, Harpignies, Kœchlin,
Lafon, Lalanne, Lagier, Lhermite, Liénard. — Le Poli-
chinelle de M. Manet. — MM. Pallière, Ribot, Saintin. —
Porcelaines et faïences. — Encore des aquarelles. —
Les émaux. — La diva A. Patti, par Gerbier. — Les mé-
dailles d'Oudiné et de Soldi.

Mon cher cousin,

J'ai toujours eu pour les rôles sacrifiés
une prédilection toute particulière. Au bal,
je ne danse jamais qu'avec les dames que les
désobligeants caprices de la nature ou le
mauvais goût des danseurs condamnent à ce
supplice horrible qui s'appelle *faire tapisserie*; si par hasard je vais au spectacle, c'est
à ces théâtres borgnes et ignorés de tous
dont la recette quotidienne varie entre

5 francs et 8 francs 75 centimes. Or, il me semble qu'en accomplissant la mission qui m'a été confiée à l'unanimité par notre comité exécutif, je suis conséquent avec moi-même et avec mes antécédents.

Qu'est donc, en effet, vis-à-vis de l'exposition des peintures largement et somptueusement agencée, cette étroite et incommode galerie où sont entassés pêle-mêle, et souvent à des places qui les rendent presque invisibles, les dessins, cartons, aquarelles, pastels, miniatures, émaux, porcelaines, faïences et gravures ? Ne dirait-on pas un refuge destiné aux parias de l'art, une sorte de magasin *aux rebuts?* Aussi bien minime est le nombre des promeneurs et des curieux assez résolus pour s'aventurer dans cette galerie désolée qui, auprès du salon de peinture, ressemble à ces misérables échoppes qui se dressent, verrues imperceptibles, aux flancs des palais de marbre.

Et cependant que de travail, que d'étude, que d'observation, que de talent, que de génie peut-être sont enfouis là, loin de la foule et du bruit, appréciés seulement de quelques chercheurs !

Aussi je t'assure que je ne me repends pas d'avoir accepté la mission de rendre compte de cette catégorie des envois artistiques qui figurent au Salon de cette année; je regrette seulement que tu m'aies assigné des limites si restreintes. Rendre compte en un seul feuilleton d'une exposition qui contient plus de quinze cents numéros, cela me semble un travail pour le moins aussi ardu que celui

qui consisterait à faire passer un câble par
le trou d'une aiguille. C'est pourquoi je
veux tout d'abord offrir mes excuses à ceux
des artistes méritants que je serai forcé de
passer sous silence et à ceux dont je ne pour-
rai dire tout ce que j'aurais dû et que j'aurais voulu.

Accompagné de mon petit cousin Jules
dont les conseils ont souvent été fort judi-
cieux, mais dont l'attitude en présence de
certains *sujets* a plus d'une fois laissé à désirer au point de vue des convenances, j'ai
suivi l'excellente méthode que tu as adoptée
pour l'examen des peintures. Commençant à
l'extrémité de la galerie, par la lettre A, j'ai
successivement passé en revue toute l'Exposition jusqu'à la lettre Z, réservant pour la fin
les émaux, les pierres gravées et les grands
cartons auxquelles une dimension exceptionnelle a valu une place à part dans les
vestibules d'entrée.

Dès mes premiers pas dans la galerie,
mon attention a été particulièrement atti-
rée sur deux fusains d'un dessin ferme et
vigoureux, et d'où se dégage cependant un
charme extrême : *Souvenirs de Villers-
sur-Mer* et les *Baigneuses*, de M. Auguste
Allongé. M. Jules s'est permis d'exprimer
le regret que les baigneuses ne figurassent
que comme accessoires dans le charmant
paysage auquel elles donnent leur nom ;
mais je me suis empressé, pour calmer ses
regrets et rafraîchir ses idées, de l'entraîner
devant les deux dessins de M. Appian : une
Mare aux environs de Rix (Ain) et un *Che-*

min sur la route de Bourg. Ces deux compositions sont d'un effet saisissant et grandiose ; c'est l'hiver dans toute sa poétique désolation ; la neige couvre la terre, et les arbres secoués par la bise se tordent et se lamentent, tandis que le givre qui les couvre tombe sur le sol en larmes solidifiées. L'artiste n'a fait aucun sacrifice au convenu, c'est la vérité prise sur le fait, intelligemment comprise et puissamment rendue.

Mes regards, quelque peu attristés par la contemplation de ces deux belles pages arrachées en quelque sorte du livre de la nature, sont bientôt rassérénés et réjouis par les gaies et chatoyantes aquarelles de M. ARAUJO: *L'Attente, La force prime le droit* et les *Soldats au bord de l'eau.* Ces troits petits tableaux, lestement et finement troussés, ne sont nullement déplacés dans le voisinage des deux spirituelles aquarelles de M. BARON, l'*Amoureux* et le *Pantin,* deux joujous chéris, brillants tous les deux, et, souvent aussi, remplis également de son ou d'étoupes. *Arcades ambo.*

Mais voici que mon compagnon, que les réflexions psychologiques inspirées par les aquarelles de M. Baron semblaient désobliger, s'empresse de faire diversion et de me conduire en face de deux gracieux pastels, *M*^{lle} *B.* (lire Bloch, de l'Opéra) et *M*^{lle} *C.*, par M. BATUT ; l'artiste a été digne de ses modèles, c'est tout dire, et l'on ne peut faire de son œuvre un éloge plus flatteur. Jules, qui s'y connaît, se serait volontiers éternisé dans sa contemplation muette, si je ne l'avais pris par le bras pour poursuivre ma route.

Nous saluons en passant la grandiose composition d'EMILE BAYARD, ce *Gloria victis!* dont j'ai déjà eu l'occasion de te parler lorsque, à cette place, j'ai fait la description des tableaux militaires.

Hélas ! voici encore un cadavre ; mais celui-là n'a rien d'effrayant. La mort n'a pas pâli ses splendides couleurs, et bien que placé dans une position des plus excentriques, les pieds en l'air et la tête en bas, il est frais et éclatant... il s'agit d'un geai que le plomb du chasseur ou la griffe du chat vient de faire passer dans un monde meilleur. La pauvre bête a sa huppe toute hérissée et son plumage chatoyant ondule au souffle du vent. Cette petite aquarelle, très finement et très spirituellement traitée, est signée J. BESSON. Malgré le mérite de cette composition, je ne m'y suis pas arrêté longtemps, car elle éveillait en moi de pénibles sentiments ; il me semblait voir, dans cette position critique certain geai de mes amis, franc luron et bon vivant, que j'espère bien retrouver dimanche en bonne santé, et entendre chanter au dessert — car il chante, mon geai !—ce refrain bachique :

> Quand je bois du vin clairet
> Tout tourne au cabaret.

Non loin du tableau de M. Besson figure une autre aquarelle qui se distingue par des mérites tout différents.

Dans le clair obscur d'une longue salle

voûtée, M. Brindesi a accumulé l'éclatant assortiment des couleurs de l'Orient ; cela n'a pas dix centimètres carrés, et cela contient tous les trésors des palettes de Delacroix, de Ziem et de Henri Regnault. Cette œuvre, sainement originale, et qui révèle un véritable talent, représente le *Bazar des drogues à Constantinople.*

L'éclat de cette aquarelle fait quelque peu tort aux deux faïences de Mme Canoby, qui se trouvent dans le voisinage, et qui méritent une mention spéciale : un *Encadrement*, d'après Albert Dürer (et non Duret, comme l'indique le livret), et la *Renommée*, d'après Cherubino Alberti.

Un des meilleurs portraits de l'exposition des pastels est bien certainement celui de *Mme du M...*, par Mlle Fideline Choel.—Le dessin en est sobre et pur, le coloris vrai et juste de ton ; il se dégage de ce tableau un charme indicible ; on sent que l'expression de finesse et peut-être aussi de malice, tempérée par une grande bonté, qui forme le trait caractéristique du modèle, a été saisie sur le vif par l'artiste et rendue avec une exactitude saisissante. C'est une œuvre savamment et finement faite, et dont le succès tient à la grâce du modèle non moins qu'aux doigts délicats dont la nature semble avoir doué la portraitiste tout exprès pour manier le pastel ; il est à regretter seulement que l'habileté de l'encadreur n'ait pas été à la hauteur de l'art du peintre, et que ce portrait ait une inclinaison sur la droite, qui nuit considérablement a son effet.

Mais je vais rejoindre maître Jules, qui a découvert, au milieu d'un fouillis inextricable de dessins, de sépias et de gouaches, une aquarelle très fine de M. ORESTE CORTAZZO, représentant une *Femme japonaise*; la trouvaille est heureuse, et je ne puis qu'en féliciter mon compagnon; les étoffes sont rendues avec une très grande vérité, l'éclat des broderies et le chatoyement de la soie sont littéralement *parlants*, comme dirait M. Prudhomme. — On serait d'autant plus disposé à s'assurer si l'*étoffe est moëlleuse*, que la femme est des plus gracieuses et des plus provoquantes; malheureusement, elle n'est pas Japonaise le moins du monde. Suivant toute apparence, cette sujette du Mikado est originaire du faubourg Saint-Martin ou de Fontenay-aux-Roses — pas de Nanterre, à coup sûr, car M. Jules assure qu'il a vu cette figure *quelque part*.

Je remarque en passant deux très jolies aquarelles de M. DUVAUX que je regrette de n'avoir pas comprises dans mon énumération des tableaux militaires. *Après le combat* et *une patrouille de uhlans dans la forêt de Fontainebleau* sont deux épisodes de la guerre curieusement observés et fort habilement rendus.

Horrible! horrible! quel est ce cadavre desséché et jauni dans ce cercueil vitré? — C'est le *Christ dans la tombe*, d'après Holbein peint à la gouache par M. A. FAVARD. Cette peinture est à coup sûr une œuvres fort estimable; mais quelle idée d'aller choisir un sujet d'une aussi saisissante horreur ! — *Le repas chez Lévy*, d'après Paul Véronèse, exécuté à l'aquarelle par le même artiste, flatte beaucoup plus les yeux et cependant, suivant moi, il est loin de valoir la gouache.

Arrétons - nous ici et saluons bien bas, nous sommes en présence d'un maître. *Dans le bois de Cernay*, tel est le titre de la ravissante aquarelle dont FRANÇAIS, ce créateur de tant de chefs-d'œuvre, cet artiste dans le sens le plus exquis et le plus élevé du mot, a accompagné les deux beaux tableaux que chacun admire à l'Exposition de peinture. La perfection et le ton de cette composition sont tels que l'on jurerait être en face d'un tableau à l'huile. Dans ce petit coin sauvage et gracieux des bois de Cernay, sous ces halliers, à travers ces bouleaux et ces fougères circule un air frais et vivifiant qui vous ranime et vous réconforte; il y règne un calme, une paix, une poésie qui vous remplissent l'âme d'une mélancolie douce et pénétrante à la fois.

Français nous a fait admirer la nature dans toute sa grandiose vérité et son charme majestueux, Mme PAULINE GIRARDIN nous la montre dans ses gracieux détails; ses trois aquarelles, *laurier rose*, *marronier* et *lilas* rappellent les meilleures productions de Redouté.

Du reste, les peintres de fleurs se sont particulièrement signalés cette année par le mérite de leurs envois. La Capucine et le Cyclamen de M. EMMANUEL LANSYER, qui a également exposé une Fantaisie japonaise et

Un coin de mon atelier, d'une touche très spirituelle et d'un coloris charmant, les Camélias, les Roses et les Pétunias de M. François Rivoire, les Raisins de Mlle Burat, enfin les Roses de Mlle Noel-Parfait sont bien les plus gracieuses compositions qu'il m'ait été donné d'admirer, dans ce genre, depuis fort longtemps. — Je dois cependant une mention toute particulière au tableau de Mlle Noël-Parfait ; il y a là une pureté de dessin, une finesse de ton et une vérité de sentiment qui révèlent une rare organisation d'artiste. Ses roses semblent avoir été détachées de leurs tiges par quelque magicienne du beau royaume des fées, car elles ont conservé tout leur éclat et jusqu'à la perle liquide que la rosée y a déposée le matin même.

Une mention spéciale aux magnifiques Prunes de M. Knitel. Rien qu'en admirant ces beaux fruits appétissants on les sent en quelque sorte se fondre dans la bouche. Suave volupté gastronomico-artistique !

Mais il me semble que ma passion pour les fleurs m'a fait quelque peu dévier de la voie que je m'étais tracée et que, semblable à un papillon (tu vois, je ne me traite pas trop mal), je suis allé butiner de droite et de gauche à travers l'exposition. Je reviens à mon procédé méthodique et je reprends mon inspection à partir des envois de M. Henry Harpignies, le *Saut du Loup*, les *Bois du Cher* et le *Pont-Neuf ;* ces trois aquarelles se recommandent par une grande richesse de ton et par un sentiment très vrai de la nature ; toutefois, dans la dernière, l'artiste me semble avoir quelque peu sacrifié l'exactitude à la fantaisie. Péché véniel, d'ailleurs, et facile à pardonner. Que ne peut-on être aussi indulgent vis-à-vis des trois portraits de M. JUBIEN : *Mme de Mac-Mahon, Auber* et l'auteur lui-même. C'est cru, c'est dur, c'est lourd. Décidément depuis Latour, il n'y a que les femmes qui sachent bien se servir du pastel.

M. ALFRED KŒCHLIN a exposé trois charmants paysages à l'aquarelle qui, Dieu merci, nous reposent agréablement les yeux et l'esprit. L'artiste est un amant de la belle nature, il la comprend, il la voit bien et la reproduit juste ; on n'a pas besoin de lire l'indication du livret pour voir qu'il a pris des leçons de Français.

Je n'ai jamais eu l'intention de m'enrôler au service de S. S. Pie IX, mais si j'avais pu conserver quelque regret à ce sujet, je serais aujourd'hui consolé à tout jamais. La *Sentinelle pontificale* que M. LAFON a envoyée renferme de tristes révélations sur le sort qui était réservé aux champions du domaine de saint Pierre. Figurez-vous que cette malheureuse sentinelle est juchée sur le haut d'un mur à la crête inclinée et sur l'arête duquel un chat évoluerait avec difficulté. A quelques centaines de pieds, au dessous, l'on aperçoit le Tibre et le pont Saint-Ange ; c'est sur cette pente glissante que le malheureux jeune homme dessiné par M. Lafon se tient grâce à un prodige d'équilibre dont l'artiste seul a le secret. Triste situation en vérité; un pas en avant ou en arrière, une oscillation quelconque, et c'est une sentinelle perdue!

Heureusement, M. MAXIME LALANNE est là à point nommé pour apporter une diversion au vertige qui commence à s'emparer de ma pauvre cervelle. Ses trois fusains : *Bordeaux, Au bord d'un étang* et un *Pot à tabac,* ont toute la vigueur et le relief des meilleures eaux-fortes.

Mais quel est ce tableau malade et dont les couleurs à moitié effacées semblent avoir été passées à la lessive? — Le Livret me dit que c'est le portrait de Mme ***, par M. EUGÈNE LAGIER, et moi je déclare qu'à force d'avoir voulu faire du vaporeux, l'artiste a tout simplement produit une chose sans forme, sans couleur et sans mérite.

Quelle différence avec les deux portraits de M. LEYGUE. Ici, la couleur n'est pas venue au secours de l'artiste, il s'agit seulement de dessins. Mais quelle finesse de vue et de touche! Quelle grâce et quelle vérité à la fois! Ces deux têtes expressives et intelligentes sont rendues dans tout l'éclat de leur grâce enfantine et toute la poésie de leur rêverie ingénue; il suffit de voir les portraits pour pouvoir dire, sans connaître les originaux : « comme c'est ressemblant! »

Comme dessins, ce sont, suivant moi, les meilleurs de l'Exposition, et comme portraits, j'en connais fort peu, même dans les salons réservés à la peinture, qui puissent sans danger soutenir avec eux la comparaison.

Je passe rapidement devant une composition estimable, mais par trop froide et ascétique de M. LHERMITE, ayant pour titre le *Bénédicité*; j'envie, en passant, le sort de ce bienheureux chasseur que M. LIÉNARD a conduit vers une *remise* de canards sauvages et qui fait un superbe coup double sur deux halbrands de premier choix, et me voici en face de haut et puissant seigneur *Polichinelle*, que M. MANET a portraicturé à l'aquarelle et en faveur duquel notre éminent poëte Théodore de Banville a bien voulu disposer de deux perles de son écrin funambulesque.

Par malheur, ce tableau, qui me semble tout à fait hors ligne, est placé si mal et si haut que, même en nous dressant sur la pointe des pieds, ni Jules ni moi n'avons pu saisir les traits du personnage; il nous a même été impossible de déchiffrer le distique que le maître a mis au bas.

Mais voici que mon compagnon disparaît tout à coup; je me hâte de courir à sa recherche et je le trouve en arrêt sur deux très séduisantes aquarelles de M. PALLIÈRE, représentant, l'une et l'autre, deux fort jolies femmes revêtues seulement d'un peu de gaze et d'un charme inexprimable. Je regarde le livret et je lis : n° 2,448 , *Constantinople*; n° 2,449, *Vieille Castille*. Eh bien ! là, vrai, je ne m'en serais jamais douté; quant à la *Castille* en question, le livret la calomnie, je ne la trouve pas vieille le moins du monde.

— A la bonne heure, me dit Jules, voilà comment je comprends la géographie !

De même que les jours, les aquarelles se suivent et ne se ressemblent pas. Non loin des deux tableaux si pleins d'éclat et mais peut-être un peu « gravures de mode » de M. Pallière, figurent les envois de M. RIBOT. C'est profond, c'est saisissant, c'est grandiose. La *Leçon de tricot* est tout simplement un chef-d'œuvre de mouvement, de sentiment et de couleur, et la *Vieille femme* a toute la vigueur et le modelé d'une eau forte de Rembrandt.

Ces magnifiques tableaux sont entourés à droite et à gauche d'une quantité énorme de portraits dont plusieurs ont un véritable mérite. Citons parmi ces derniers les trois beaux envois de SAINTIN, dont la vogue croissante est, de jour en jour, plus justifiée, l'aquarelle de Mme MINDELEFF, les miniatures de M. DE POMMAYRAC, les pastels de Mlle BLANCHE VÉRONIQUE, enfin deux ravissantes porcelaines de Mlle HÉLÈNE NOLD, qui révèlent un talent très réel.

De la porcelaine à la faïence la transition est facile, aussi me trouvé-je tout naturellement porté à parler ici des Lièvres, des Huîtres et des Choux, de M. SCHOPIN, traités avec une vigueur de touche et une vérité de couleur qui promettent à l'auteur une brillante carrière artistique.

Non loin de là, les saisissantes aquarelles de M. RICHOMME, les *Tuileries après la Commune*, le *Point-du-Jour après l'entrée de l'armée de Versailles*, et l'*Hôtel-de-Ville après l'incendie* captivent les regards du visiteur et laissent dans l'esprit une impression de poignante tristesse mitigée par un sentiment d'admiration réelle pour l'œuvre de l'artiste.

Je contemple en passant les trois aquarelles de M. SÉBRON qui, cette année, a été égal à lui-même, ce qui est assez dire; les *Cavaliers* de M. SICARD, bien compris et spirituellement rendus, un beau portrait d'après Dürer, de M. TOURNY ; j'arrive enfin devant l'exposition de M. VIDAL, et je m'arrête et j'admire. Je ne crois pas flatter l'artiste en disant que ses trois aquarelles sont les meilleures du Salon. La *Fileuse bretonne*, le *Pain noir*, les *Pommes de pin*, autant d'œuvres parfaites et réellement magistrales qui réunissent tout : dessin, couleur, sentiment, vérité, poésie âpre et saisissante.

Mais j'aperçois avec terreur que mon papier se noircit à vue d'œil, que j'ai déjà dépassé de beaucoup les limites que tu m'as assignées, et je m'enfuis, non sans avoir jeté un dernier coup d'œil sur les trois aquarelles si chaudes de ton et si éclatantes de couleur que M. WYLD a exposées.

Dans le grand vestibule du Salon je fais, en sortant, une visite de rigueur au carton de M. MONCHABLON, les *Quatre Evangélistes*, et à celui de M. PUVIS DE CHAVANNES, *Radegonde au couvent de Sainte-Croix.*

La première de ces œuvres, qui a été médaillée par le jury, est d'un grand effet; le dessin en est pur, l'expression sobre et juste ; on ne peut peut-être faire qu'un reproche : les animaux des Evangélistes ont une importance excessive et nuisent quelque peu à leurs maîtres ; en somme, œuvre très estimable.

Quant à la *Radegonde*, je la considère comme une des meilleures œuvres de M. Puvis de Chavannes ; elle fait heureusement oublier l'*Espérance* de l'an passé, voire tous les *Charles Martel* possibles.

Ah ! que M. Puvis de Chavannes ne dessine-t-il toujours au lieu de peindre.....

Il se tue à rimer ; que n'écrit-il en prose !

Je ne veux pas quitter le vestibule sans payer un juste tribut d'éloges aux trois magnifiques émaux de Mme DE COOL, principalement à sa splendide tryptique, d'après Rubens, qui ne serait nullement déplacée au milieu des trésors de la galerie d'Apollon, au Louvre.—Tout à côté, les deux portraits sur émail de M. DE COURCY, et l'Amour vainqueur, du même artiste, réclament non moins impérieusement mon attention ; mais le spectre du défaut de place se dresse devant moi, farouche, inexorable, et je suis forcé de passer outre, malgré les séductions de la gracieuse et fraîche Idylle que M. ALFRED MEYER, un artiste de bonne souche, a peinte sur émail avec un charme indicible.

Que de sacrifices je suis forcé de faire ! que de regrets je laisse derrière moi ! Combien il me faut d'empire sur moi-même pour passer sous silence les deux médaillons de M. CHAUTARD : Auber, et ce grand patriote, cet homme de bien entre tous, l'honorable M. F. Maréchal, ancien maire de Metz, tué de douleur par la double complicité des Prussiens

et de Bazaine.—Les Camées de M. Galbrun-
ner, le ravissant bijou que M. Gerbier a
fouillé pour en faire sortir les traits de la
diva A. Patti, les médailles de M. Oudiné,
le trophée et la médaille patriotique de
M. Soldi, sont autant d'œuvres de premier
ordre qu'il ne m'est permis de signaler que
par des points d'admiration !!!

A force de couper, tailler, rogner, j'arrive
à la fin, mon cher cousin, sans avoir pu te
parler ni de la gravure ni de l'architecture,
qui nécessiteraient à elles seules une lettre
aussi longue que celle-ci, Il est pourtant
une œuvre hors ligne dont je veux dire un
mot, — ce sera le dernier ; je veux parler du
portrait de Mme de Sévigné, gravé par Emile
Rousseaux, d'après un pastel de Nanteuil.
C'est, je crois, la perle de la collection des
gravures, et je me ferais un crime de ne pas
la signaler aux amateurs. M. Rousseaux est
un élève de M. Henriquel-Dupont, qui est
bien près d'égaler son maître.

Sur ce, mon cher Nestor, je te quitte, nâ-
vré de n'avoir pu causer plus longtemps
avec toi de tout ce qui eût mérité de faire
l'objet d'entretiens approfondis et espérant
que tes lecteurs excuseront mon laconisme
en faveur de ma bonne volonté, que seules
les nécessités du journal rendent impuis-
sante.

Tout à toi,

JOSEPH PATUROT.

CONCLUSION

Cejourd'hui 20 juin 1874, la famille Paturot, qui avait assisté à l'ouverture de l'Exposition des beaux-arts, a tenu à en voir la
clôture, et tous ses membres, après avoir
accompli chacun la mission dont il avait été
chargé, se sont trouvés réunis, sous la présidence de Mme Nestor, qui n'a cessé, pendant ces deux mois, de surveiller l'œuvre
commune, d'encourager les travailleurs, de
relever les défaillants lorsque quelques-uns
ont pu, par moment, craindre de ne pas arriver en temps utile à l'accomplissement de
la tâche ardue qui leur était échue et de corriger les défectuosités, quand il s'en est
produit.

Si le travail commun a obtenu quelque
assentiment de la part des artistes et du pu-

blic, si on a reconnu qu'une appréciation purement bourgeoise de l'exposition pouvait avoir sa raison d'être, c'est à Mme Nestor que ces résultats seront dus ; c'est à elle que le nom de Paturot devra la gloire nouvelle qui en rejaillira sur lui.

Du reste, nous l'avons dit en commençant, il ne nous était pas permis d'être modestes, et nous avouerons que nous persisterons dans notre immodestie.

En conséquence, nous nous sommes adressé réciproquement des congratulations qui portent tout particulièrement, disons-le, sur la manière dont nous sommes parvenus à accomplir notre œuvre dans le temps donné, et à l'avoir terminée avant la clôture de l'Exposition.

Rose a demandé à figurer au procès-verbal et à faire connaître aussi son opinion.

La voici :

— Je ne saurais rien ajouter à ce que vous avez dit sur les chaudrons de M. Vollon et de M. Jean Even.

La cuisine de M. Castres est une belle cuisine, de même aussi celle de l'*Hôtel du Lion-d'Or* ; mais je préfère celle de M. Armand Leleux. C'est moins vaste ; mais c'est plus nature ; c'est plus bourgeois ; ça entre mieux dans votre ordre d'idées, si j'ai bien compris ce que je vous ai entendu dire.

Dans cette cuisine, on sent la main d'une cuisinière ; c'est démocratique.

Les autres rentrent sous la coupe d'un chef, d'un tyran ; c'est monarchique !

De toutes parts : Bravo ! bravo !

Mais si j'ai demandé à prendre la parole, c'est moins pour tout cela que pour vous faire un vif reproche, celui d'avoir passé sous silence le tableau de M. GIRARDET, intitulé : *La Faim fait sortir le loup du bois*, où l'on voit les dangers auxquels peut être exposée une cuisinière, et où l'occasion vous était offerte tout naturellement de dire un mot en faveur de cette intéressante classe de citoyennes à laquelle vous devez, ingrats que vous êtes, tant de délicates jouissances !

Ces deux loups affamés se sont évidemment jetés sur la cuisinière, qui avait dû courageusement, par ce temps de neige, aller faire ses provisions au marché voisin, et Dieu sait ce qui serait arrivé si les loups ne s'étaient emparé de son panier, et s'ils n'y avaient pas trouvé ce magnifique pot-au-feu qu'ils se disputent en le déchirant à belles dents.

Pendant ce temps la malheureuse a pu demander à la fuite de la mettre à l'abri des atteintes de ces bêtes féroces.

Vous avez beau sourire ! Cela est sérieux. Voici un des dangers professionnels auxquels les cuisinières peuvent être exposées, et il y en a bien d'autres !!! Je puis en parler, moi ! Car telle que vous me voyez, j'ai vu le loup ! Et je puis en parler, malheureusement, en connaissance de cause !

Mention de la réclamation de Rose est faite au procès-verbal, et avant de le clore, la parole est donnée à l'oncle Emile, qui a manifesté le désir de résumer et de glorifier, en se servant de la langue des dieux, les beautés

de cette exposition qui appartient aujour-
d'hui à l'histoire et à l'éternité.
 — Mes chers amis voici ma conclusion :

Nous avons traversé de cruelles épreuves;
Dans plus d'une maison, des orphelins, des veuves
Pleurent, et plus d'un mur a des taches de sang.
Mais notre vieux prestige au loin retentissant,
Comme aux sinistres jours qu'a peints l'Apocalypse,
Est-il prêt à subir une suprême éclipse ?
Sommes-nous descendus au dernier échelon ?

Non ! voyez ! ! des Beaux-Arts s'annonce le Salon ;
Et soudain à l'appel répond toute l'Europe.
La grande capitale où l'Art se développe,
De nombreux voyageurs redevient le seul but.
Pour offrir son hommage et payer son tribut,
Des pays du soleil et de ceux de la neige,
De l'Espagne au ciel b'eu, de la froide Norwége,
On accourt, on se dit : « Le rendez-vous choisi,
Le centre universel, c'est Paris !... Allons-y ! »
Le passé fuit, nuage emporté par Eole;
La France a reconquis son antique auréole,
Et de rayons nouveaux resplendit l'art français.

Je voudrais vous parler encor de nos succès;
Mais je suis las, malgré l'appui de mes Pylades,
D'avoir, du grand palais, suivi les enfilades.
Après un examen scrupuleux, prolongé,
Je pense qu'on acquiert quelques droits au congé,
Et qu'on peut négliger statuaire et peinture
Pour savourer en paix la villégiature.
Paysages, portraits, histoire, genre et fleurs,
Ma foi ! j'en aurai vu de toutes les couleurs.
Retrouvant pour deux mois les ardeurs du jeune âge,
Au temple des Beaux-Arts j'ai fait pèlerinage.
Maintenant, plus heureux qu'Isaac Laquedem,
Je m'arrête en disant : *O denique tandem !*

De toutes parts : Bravo! bravo!
E finita la comedia!

FIN

IMPRIMERIE CUSSET & Cie
FONDERIE, CLICHERIE
123, rue Montmartre, à Paris.